I0172061

www.ingramcontent.com/pod-product-compliance
Lightning Source LLC
Chambersburg PA
CBHW081631040426
42449CB00014B/3261
* 9 7 8 1 9 4 2 9 1 2 1 7 0 *

به نام خداوند

To a person, who changed my life
تقدیم به کسی که مسیر زندگیم را تغییر داد

عنصر بصری خط در ترکیب بندی طراحی میزانسن

مقایسه سینمای ایران و کره جنوبی، فیلم های اصغر فرهادی، ناصر تقوایی، پارک چان ووک و ایم کنتک

مریم حدادی
۱۳۹۵-۹۶

All Rights Reserved for the Author ©2017
کلیه حقوق مادی و معنوی برای مولف محفوظ است.

عنوان : عنصر بصری خط در ترکیب بندی طراحی میزانسن (مقایسه فیلم های اصغر فرهادی، ناصر تقوایی، پارک چان ووک، ایم کنتک)
نویسنده: مریم حدادی
ناشر: **هنر برتر** (سوپریم سنچوری)، آمریکا
شابک: ۹۷۸-۱۹۴۲۹۱۲۱۷۰
شماره کنترلی کتابخانه کنگره: ۲۰۱۷۹۱۴۲۶۲

آماده سازی برای چاپ توسط آسان نشر
www.ASANASHR.com

فهرست مطالب

عنوان	صفحه
چکیده	ح
مقدمه	۱
فصل اول	۴
انواع خط و ارزش‌های بصری آنها	۴
فصل۱- انواع خط و ارزش‌های بصری آنها	۵
انواع خطوط و خاصیت روانی و بصری آنها	۹
خط راست	۱۰
خط شکسته	۱۱
خط منحنی	۱۱
خطوط ساختمانی یا کنستراکتیو	۱۲
خط در کادرهای محدود و مشخص	۱۲
ترکیب خط و نقطه	۱۳
خط افقی	۱۴
خط عمودی	۱۶
خطوط مورب یا قطری	۱۸
خط مایل (در عکاسی)	۱۹
خط منحنی در هنرهای تجسمی	۲۰
خطوط شکسته و زاویه دار	۲۰
خط‌های دارای مسیر آزاد	۲۱
فصل دوم	۲۳
سینما	۲۳
فصل۲- سینما	۲۴
عملکرد یک فیلم چگونه است؟	۲۵
نما یا میزانسن	۲۷
اجزاء میزانسن	۳۳
ترکیب بندی فضای صحنه	۴۲
فصل سوم	۴۵

و

۴۵	اهمیت و کاربرد خط در میزانسن
۴۶	فصل ۳- اهمیت و کاربرد خط در میزانسن
۴۷	جامعه‌شناسی هنر
۵۲	ایران و کره در مسیر توسعه
۵۲	دلیل انتخاب مقایسه‌ای سینمای ایران و کره جنوبی
۵۴	فصل چهارم
۵۴	تاریخچه سینما و سینماگران ایران و کره جنوبی
۵۵	فصل ۴- تاریخچه سینما و سینماگران ایران و کره جنوبی
۷۰	فصل پنجم
۷۰	مقایسه و آنالیز تصویر
۷۱	فصل ۵- مقایسه و آنالیز تصویر
۷۳	شهر زیبا و اولد بوی
۸۹	گذشته و ▪▪▪▪
۱۰۵	بررسی فیلم‌های ناصر تقوایی و ایم کونتک
۱۲۷	فصل ششم
۱۲۷	جمع بندی
۱۲۸	فصل ۶- جمع بندی
۱۳۲	طراحی ۱۰ پوستر فیلم
۱۳۸	پیوست۱جدول فیلم‌های کارگردانان
۱۴۱	فهرست منابع
۱۴۱	الف) منابع فارسی
۱۴۲	ب) منابع لاتین
۱۴۳	▪▪▪▪▪▪▪

چکیده

دنیای بی‌انتهای هنر پر از نشانه‌ها و رموزی است که کشف آنها می‌تواند از جهات مختلف راهگشای مسیر فرهنگی جوامع در دنیای امروز باشد. به زبان دیگر، کشف و استفاده از این نشانه‌ها در جهت جامعه‌شناسی هنر می‌تواند به شکل دهی فرهنگی جامعه کمک کند و همچنین بازتابی بی‌واسطه از شیوه فرهنگی و اجتماعی یک جامعه باشد. کتاب پیش رو تلاش کرده است تا با تلفیق هنرهای تجسمی و سینما و با استفاده از عنصر بصری "خط" به عنوان یکی از عناصر بصری و "میزانسن" به عنوان قابی از چشم سینماگر با شیوه آنالیز تصویر، به بررسی شیوه استفاده سینماگران ایرانی و کره جنوبی به عنوان پنجره‌های فرهنگی کشورها از عنصر بصری خط در طراحی میزانسن فیلم هایشان بپردازد. استفاده از هر کدام از انواع خط، که در هنرهای تجسمی دارای معنا و مفهوم خاص خود می‌باشد می‌تواند فضای فکری و الگوهای رفتاری یک فرهنگ را بشکافد. در این تحقیق، پس از تعریف خط و شرح انواع آن و همچنین توضیح میزانسن و اجزاء آن، به بررسی تطبیقی آنالیز پلان هایی از فیلم های اصغر فرهادی، ناصر تقوایی، پارک چان ووک و ایم کونتک پرداخته شده است.

مقدمه

دنیای پیرامون ما بی‌شک پر از عناصر بصری است که فضا سازی محیط زندگی ما را تشکیل میدهند. اگر اجسامی که هر روز با آنها سروکار داریم را به عناصر پایه‌ای بصری در هنرهای تجسمی تجزیه کنیم خواهیم دید که اطراف ما را خط، نقطه، سطح و حجم احاطه کرده‌اند. در این میان شاید، بیشترین عنصری که در اطراف ما یافت میشود خط است. ترکیبی از نقاط کنارهم چیده شده، تقاطع سطوح و تشکیل دهنده حجم.

خط بعد ار نقطه دومین عنصر بصری تجسمی می‌باشد که به صورت فراوان و متنوع در طبیعت موجود است. در هنر نیز می‌توان گفت خط مهمترین عنصر تشکیل دهنده موضوعات هنری است. خط چهارچوب و ساختار تصویر محسوب میشود. تمام اجسام از خط تشکیل شده و حتی فاصله‌های مکانی بین آنها را نیز میتوان به صورت خطی تجزیه و تحلیل کرد.

از طرفی سینما به عنوان یک رسانه دیداری شنیداری و مبتنی بر پایه تصویر از فریم[۱]های بیشماری تشکیل شده است که ساختار پلان[۲] و در ادامه یک سکانس[۳] را می‌سازند و هرکدام در جهت انتقال معنا و مفهومی تلاش میکنند. همه این اجزاء در نهایت با ریتمی ثابت به یک فیلم تبدیل میشوند که در یک بدنه واحد معنایی واحد را به مخاطب منتقل میکنند. کوچکترین بخش این بدنه یا هر فریم در چهارچوب خط یا همان قاب تصویر قرار میگیرد و خود شامل اجسام و اشخاصی است که هر کدام میتوانند ساختارنوعی از خطوط را در تصویر به نمایش بگذارند.

پایه سینما مبتنی بر تصویر و چینش آن در قاب دوربین است. استفاده و توجه در جای دهی اجسام و چینش وسایل صحنه و همینطور قرارگرفتن بازیگران در صحنه همه و همه می‌توانند معنا و مفهومی را در قاب یا فریم

---

[۱] Frame
[۲] Plan
[۳] Sequenc

تصویر ایجاد کنند. میزانس[1] یا چینش صحنه همه آن چیزی است که جهان بصری فیلم و فضاسازی کلی آن را تشکیل میدهد.

میزانسن کمتر موضوع تحقیق پژوهشگران قرار گرفته است، منابع مکتوب در باره این موضوع بسیار کم است و دیدگاه‌ها و نظرات متفاوتی در این باره وجود دارد و هر کس مفهوم متفاوتی از این موضوع را بیان میکند. اما میزانسن در ساخت و تکمیل زبان سینما که به دنبال انتقال مفهوم به وسیله تصویر است و نوعی ارتباط تصویری با مخاطب به شمار می‌رود، نقش مهمی را ایفا می‌کند.

این کتاب قصد دارد تا با بررسی و آنالیز[2] تصویری فیلم‌های مورد مطالعه از سینمای ایران و کره، شیوه استفاده و نگاه کارگردانان ایرانی و کره‌ای را به خطوط و بکارگیری این عنصر بصری در جهت انتقال معنا در تصویر را مورد بررسی قرار دهد. نگارنده قصد دارد تا با بررسی آثار دو گروه کارگردان ایرانی و کره‌ای به عنوان نمونه فرهنگی از دو کشور، بوسیله آنالیز اجسام، اشخاص و عناصر موجود و تاثیر گذار در میزانسن و جهت یابی چینش آنها در جهت به دست آمدن و ترکیب پیکره واحد تصویری که به خلق تصاویر و پلان‌ها و سکانس‌های یک فیلم می‌انجامد، بدین نتیجه دست یابد که سینما گران هر دو کشور اغلب از کدام نوع خط در چینش و ترکیب بندی استفاده کرده‌اند.

قابل توجه است که این نوع استفاده از خط ممکن است ناخودآگاه و یا آگاهانه و بر اساس هدف‌گذاری کارگردان در انتقال معنایی تصویر باشد.

هنر سینما یا به عبارتی "فیلم" به عنوان دریچه فرهنگی کشورها از تصاویری تشکیل شده است که حرکت آنها در امتداد هم توهم حرکت را به مخاطب منتقل میکند. هر قاب از این تصاویر را یک "فریم" مینامند. هر فریم کوچکترین جزء از بدنه فیلم به حساب می‌آید. در همین راستا اگر ما چشممان را به عنوان یک دوربین که خالق آن خداوند است در نظر بگیریم، هر بار که به منظره‌ای در اطرافمان می‌نگریم قاب یا فریمی از آن منظره در ذهن ما تشکیل

---

[1] Mizansen
[2] Analyze

میشود. اگر سعی کنیم تا این قاب‌ها را در راستای هدف این تحقیق به عناصر بصری تجزیه کنیم خواهیم دید که اطراف ما سرشار از خطوط مختلف است.

قابل ذکر است که به دلیل هدف این رساله در رسیدن به آنالیز تصویری و بررسی عنصر بصری "خط" در قاب‌های مد نظر کارگردانان که نوعی عکس در پیکره فیلم به شمار میرود عناوین مورد تحقیق در حوزه‌های بصری از دیدگاه عکاسی مد نظر نگارنده می‌باشد.

در فصل اول این کتاب به توضیحی از تعریف خط به عنوان عنصر بصری، انواع خطوط و همچنین خاصیت روانی و بصری آن ها سخن گفته شده است. فصل دوم به سینما و تعریف میزانسن در آن اختصاص دارد. در این فصل، پس از تعریف اجزاء میزانسن، نگاه مختصری به سینمای کره جنوبی و ایران و همچنین به تعریف جامعه شناسی هنر، رویکردهای آن و تاثیر آن بر رشد فرهنگی جامعه پرداخته شده است. فصل سوم به تجزیه ، تحلیل و تطبیق تصاویری از فیلم های مورد مطالعه که به صورت خطی آنالیز شده اند اختصاص دارد. و در فصل پنجم نتیجه به دست آمده از تحلیل ها، تطبیق ها و آنالیز ها عنوان شده است.

فصل اول
انواع خط و ارزش‌های بصری آنها

فصل ۱- انواع خط و ارزش‌های بصری آنها

اگر با چشم یک هنرمند به اطراف خود بنگریم، دنیای پیرامون خود را مملو از عناصری میبینیم که با کنار هم قرار گرفتن و ترکیب با یکدیگر، طبیعت زندگی ما را میسازند. با نگاه تجزیه گر هنرمند، دنیای ما ترکیبی از عناصری است که در کنار هم تصویر حجم‌های اطراف ما را میسازند. در راستای این تجزیه بعد از نقطه که اولین عنصر بصری محسوب میشود، خودش معنای فضا را ایجاد میکند و از عنصری به وجود نمی آید، بقیه عناصر بصری اولیه از یکدیگر بوجود می‌آیند؛ تکرار نقاط در کنار هم خط را میسازد، تکرار خطوط سطح و تکرار حداقل سه سطح میتواند القای حجم کند. (غلامی،۱۳۹۲)

از نزدیک شدن و در کنار هم قرار گرفتن نقاط به طوری که دیگر نقطه‌ها قابل تشخیص نباشند و ماهیت شکل تبدیل به عنصر دیگری شده باشد "خط" شکل میگیرد. خط دومین عنصر بصری است. به عبارتی میتوان گفت خط یک نقطه در حال حرکت است یا به زبان دیگر نقطه ایست که با وارد آمدن نیرویی به آن از یک جهت، حالت ایستایی خود را از دست داده و تبدیل به یک عنصر تصویری فعال شده است. در علم ریاضی، خط محل تلاقی دو صفحه یا از برخورد دو سطح برهم پدید می‌آید. عنصر بصری خط در هنرهای تجسمی فاقد عمق و عرض و تنها دارای واقعیت طولی میباشد.

در هنر عکاسی هر شکلی که در راستای افقی، عمودی و مورب امتداد داشته باشد را میتوان به عنوان خط فرض کرد، مانند انسان که در حالت ایستاده خطی عمودی دیده میشود، درخت، ریل قطار و سیم برق که خط افقی را تداعی میکنند. بنابر این تعریف خط به عنوان عنصر بصری در عکاسی، عبارت است از حرکت یا شکل ممتد بصری خواه به صورت دو بعدی و بدون ضخامت و گاهی با زخامت و برجستگی و فرورفتگی. (دکتر حسینی راد، ۱۳۸۴ ج۶،۱)

اگر همه اجسام و احجام موجود در طبیعت را از لحاظ بصری تجزیه کنیم به وضوح میتوان دید که خط بصورت فراوان و متنوع در طبیعت موجود است. خط در هنر عکاسی و قاب بندی تصویر، تاثیر بسزایی در ترکیب بندی، وزن و

حتی جهت نگاه مخاطب دارد، این عنصر بصری همچنین میتواند در حوزه معنایی تصویر و در جهت پیاده کردن هدف معنایی مدنظر هنرمند به او کمک کند.

سختی و نرمی اجسام را میتوان به کمک حس لامسه درک کرد، به همان اندازه نیز میتوان به کمک قوه بینایی نسبت به تأثیر روانی خطوط و ارزش‌های هنری آن حساسیت بخرج داد. خط بر خلاف نقطه که ماهیتاً عنصری ثابت و متمرکز است، متحرک و دارای انرژی فعال میباشد و در حالت‌های مختلف میتواند به تنهایی القاء انرژی و حرکت کند. دخالت (نیروی) خارجی، نقطه‌ی ایستا را مبدل به خط پویا می‌کند. این مشهود ترین تضادی است که می‌توانیم میان نقطه و خط تصویر کنیم. اگر نیرویی نقطه را به جلو راند، از آن خط راست حاصل می‌گردد.

تمامی خط‌های دیگر از کنش متناوب دو نیروی مجزا حاصل می‌شوند. در عکاسی با استفاده از سرعت شاتر[1] و در روشنایی ثابت، نقطه‌های نورانی متحرک تبدیل به خط می‌شوند (تصویر۱-۲). در این تصویر خط‌های نورانی از حرکت نقاط نورانی که چراغ ماشین‌های در حال عبور میباشند تشکیل شده‌اند. به این ترتیب عکاسی امکان روشن ساختن تبدیل نقطه‌ی متحرک را به خط مسیر می‌سازد. در راستای این مفهوم، نگارنده با چند نمونه عکاسی از چراغ‌های اتوبان تهران ـ قزوین تبدیل نقاط نورانی را به خط در هنر عکاسی به تصویر کشیده است (تصاویر ۱-۲ و ۱-۳). (حلیمی، ۱۳۷۹: ص ۱۲) ـ (مانته، ۱۳۶۸: ص ۴۰)

تصویر ۱-۱ تشکیل خطوط بوسیله نقاط(مانته، ۱۳۶۸: ص ۴۰)

---

[1] Shutter

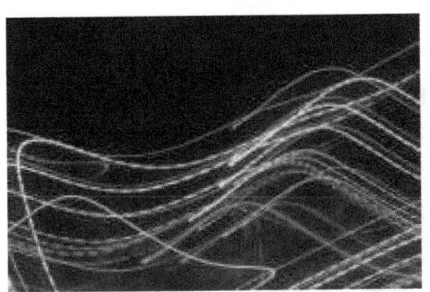

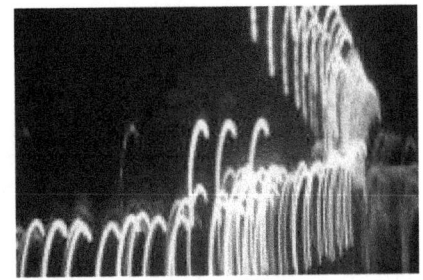

تصویر ۱-۲ تشکیل خطوط بوسیله نقاط

تصویر ۱-۳ تشکیل خطوط بوسیله نقاط

اگر حد اقل سه نقطه به صورت ردیفی بر سطحی در تصویر کنار هم قرار گیرند، به صورتی که لازم نیست نقاط دارای ابعاد یا اشکال یکسانی باشند یا فاصله بین آنها برابر باشد، چشم آنها را به عنوان خط دیدگانی درک میکند. چشم برای رسم خط دیدگانی پیوسته می‌تواند فواصل بسیار زیادی را از طرفی میان خود نقطه‌ها و از طرف دیگر میان نقطه‌ها و کناره‌ی تصویر پر کند. این خط دیدگانی می‌تواند راست یا خمیده باشد. (تصویر ۱-۴ و ۱-۵).

چشم انسان چنان دقیق و بدون نقص آفریده شده است که نه تنها با دقت بسیار بالایی خط دیدگانی را دنبال میکند، بلکه حتی میتواند در این مسیر تغییر جهت نیز بدهد. در تصویر ۲-۶ که آنالیز تصویر ۲-۵ می‌باشد، می‌توان مشاهده کرد که ردیف بندی نقطه‌ها به وسیله چشم، ابتدا از چپ به راست دنبال می‌شود، سپس در حرکتی وارونه، از راست به چپ پایین حرکت میکند. بدین صورت نقاط در ذهن انسان القای خط کرده و خط دیدگانی را شکل می‌دهند. (مانته، ۱۳۶۸: ص ۳۲)

تصویر ۱-٤ خط دیدگانی(همان: ص ۳۲)

تصویر ۱-٥ خط دیدگانی(همان: ص ۳۲)

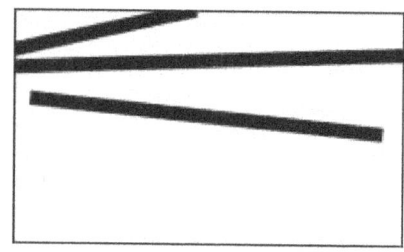

تصویر ۱-٦ آنالیز خطی تصویر ۲-٥(همان: ص۳۲)

همچنین اگر دست کم سه نقطه در یک تصویر طوری قرار گیرند که سه نقطه تلاقی وجوه مثلث را تشکیل دهند، چشم آن را به شکل مثلث دیدگانی متصور می‌کند. حتی تفاوت در شکل و ابعاد نقطه‌ها نمی تواند اثر دیدگانی را تغییر دهد. در عوض، موقعیت مثلث درون تصویر از اهمیت بسیار بالایی برخوردار است. اگر هیچ یک از ضلع‌های مثلث دیدگانی با یکی از ضلع‌های عکس موازی نباشد، مثلث احساس آرامش و تعادل را پدید می‌آورد. در این حالت هیچ کدام از زوایا از لحاظ بصری اهمیتی بیشتری از زوایای دیگر نخواهند داشت و مثلث در جهتی معین واژگون نخواهد شد. همچنین در این فرم تعدادی سطح‌های دیدگانی دیگر نیز در زاویه‌های تصویر شکل می‌گیرند که آنها نیز غالبا مثلث هستند (تصویر ۱-۷). (مانته، ۱۳۶۸: ص ۳۴)

تصویر ۱-۷ مثلث دیدگانی(همان: ص ۳٤)

انواع خطوط و خاصیت روانی و بصری آنها

خطوط در یک تصویر ممکن است به صورت‌های مختلفی نمایان شوند، هر کدام از انواع خط‌ها در قاب تصویر القای فرم و محتوایی متفاوت دارند و خطوط مختلف به خصوص در هنر نقاشی مستقیما میتوانند تعیین کننده ویژگی‌هایی مانند سبکی و سنگینی، مسیر حرکت چشم در تصویر و جهت نگاه باشند. شایان ذکر است که توزیع نا منظم خط می‌تواند رشته‌ای از جابجایی‌ها را ایجاد کند که باعث ایجاد بی‌تعادلی در تصویر شوند.

در هنر هفتم، سینما که تصویر متحرک در آن متشکل از فریم ها، تصاویر یا به عبارت دیگر عکس‌های در کنار هم چیده شده است، خط همچنین میتواند از لحاظ بصری، رابط فرمی میان دو تصویر یا فریم باشد.

خاصیت روانی و بصری خط بستگی به انواع خط دارد، انواع خط میتواند بیان کننده عواطف و احساسات، اندیشه و آرمان ذهنی، فضا سازی و پرسیکتیو باشد. این عنصر بصری میتواند گاهی فعال و پرانرژی، گاهی ساکن و ایستا و بی‌تحرک و گاهی فضای منفی را القا کند، مانند فضای خالی بین دو سطح؛ گاهی مجازی است و به چشم دیده نمیشود بلکه احساس می‌شود مانند فاصله بین دو نقطه. (غلامی، ۱۳۹۲)

قوه‌ی بینایی انسان نسبت به تاثیر روانی خط و ارزش‌های هنری آن در یک قاب، حساسیت به خرج می‌دهد. هر نوع خط نیز بیان تصویری و معنا و مفهوم خاص خود را القا میکند. به طور مثال، خطوط افقی معرف مفاهیمی از قبیل

تعادل، آرامش و سکون هستند و در مقابل خطوط مورب دارای جلوه ناپایداری و حرکت و هیجان می‌باشند. همچنین، خطوط منحنی می‌توانند به تصویر نرمی و لطافت بخشیده و شانگر لغزندگی و انعطاف پذیری در فرم باشند.

خطوط ضخیم، حس سختی و خشونت و خطوط زیگزاگ و شکسته می‌توانند هیجان و حتی در مواردی استرس را به مخاطب تصویر القا کنند. هنگامی که خطی بر خط افقی عمود شده باشد، تصویر می‌تواند بیان کننده تعادل بین دو عنصر متضاد باشد، یکی خط افق، که نشانگر آرامش و گستردگی است و دیگری خط عمودی که بیان کننده، ایستایی و مظهر فشار قوه جاذبه زمین است. شایان ذکر است که ترکیب دو خط افقی و عمودی با هم، از لحاظ بصری استحکام ویژه‌ای را القا می‌کند، که نشانی است نمادین از تجربه تعادل و ایستادن انسان بر سطح زمین. همچنین انواع دیگر خط مانند خطوط مواج، مارپیچ، زاویه دار، کج و دندانه دار نیز هر کدام بیان بصری و حس‌های گوناگونی را منتقل می‌کنند. (نعمت الهی، ۱۳۸۶: ص۲۸)، (همان،۱۳۹۲).

انواع خط آنقدر متنوع و گسترده است و هلول آن در همه چیز مشهود است که در واقع هیچ نمونه‌ای بدون ارتباط با آن نمی‌تواند موقعیت خود را به نمایش بگذارد، برای پی بردن به خصوصیات و ویژگی‌های تصویری هر کدام از انواع خط باید خط مورد مطالعه در تصاویر مختلف سنجیده شود تا بتوان از آن به نتیجه بصری قابل قبولی رسید.

بطور کلی خطوط از لحاظ شکل به سه دسته عمده "خطوط راست" "خطوط شکسته" و "خطوط منحنی" تقسیم می‌شوند که در اینجا به طور مختصر درباره آنها توضیح داده می‌شود و در ادامه به شرح کامل هر کدام از این خطوط در حوزه عکاسی خواهیم پرداخت.

خط راست

از منظر هندسه، کوتاه‌ترین فاصله بین دو نقطه خط راست خواهد بود. در معنای کلی، خط راست به خطی اطلاق می‌شود که در یک مسیر مستقیم قرار

گیرد و در این مسیر هیچ نوع تغییر جهتی نداشته باشد. بطور کلی خط راست خطی است که در طول مسیر خود تغییر جهت نداده و در مسیر معین با موقعیت‌های افقی و عمودی و مورب رسم می‌شود. خط راست به دلیل اینکه مسیر ثابتی دارد می‌تواند سریع و منظم ترسیم شود. در عکاسی، خط اشکال مختلفی می‌توانند خط راست را ترسیم کنند، از جمله انسان، سیم‌های برق، درختان و غیره.

خط شکسته

خط شکسته به پاره خط‌هایی اطلاق می‌شود که به دنبال هم ولی نه در یک جهت قرار گرفته‌اند و در هر مقطع شکستگی زاویه‌ای ایجاد کرده‌اند باشند.

خط منحنی

خطی است که دارای سمت و سویه‌های متغیر با کش و قوس‌های ثابت یا متفاوت است.

به غیر از تقسیم بندی کلی خطوط از لحاظ شکل، دسته بندی‌های معنایی دیگری نیز وجود دارند که ویژگی‌های خطوط را در حوزه بیان تصویری، مواجهه با طبیعت اطراف و همچنین در مواجهه و یا ترکیب با عناصر بصری دیگر مورد تحقیق و مطالعه قرار میدهد که در ادامه به اختصار به برخی از این تعاریف می‌پردازیم تا شناخت بهتری از خط بدست آوریم.

خطوط بیانی و ساختاری

همان طور که ذکر شد، خط یکی از عناصر اصلی بصری به شمار می‌آید که در دست هنرمندان مختلف متناسب با عواطف و احساسات و چگونگی ذهن و اندیشه آنها معانی متفاوت و ویژه‌ای یافته و بیان می‌شود. نحوه بیان و شیوه استفاده از خط، رابطه مستقیمی با چگونگی احوال هنرمند در زمان خلق یک اثر هنری دارد. این مدل زبانی برای بیان تفکر هنرمند، اکسپرشن[۱] یا بیان حالت به معنی تظاهرات بیرونی شخصیت و رفتارهای فردی انسان می‌باشد. خطوط بیانگر می‌توانند بیان کننده احساسات آنی هنرمند یا بیان کننده ذهنیت‌های او باشند.

خطوط ساختمانی یا کنستراکتیو

اگر در فضاسازی شهری و زیبایی‌شناسی ساختمان‌های یک شهر استاندارد توجه کنیم، خطوط ساختمانی از لحاظ بصری بیان کننده انضباطی منطقی و ساختمانی هستند و بر خلاف خطوط اکسپرسیو[۲] بیشتر منطقی و تابع نظم و قاعده ویژه‌ای هستند که قبلاً توسط هنرمند پیش بینی و انتخاب شده است و در حقیقت نوع تفکر و اندیشه او در قالب خط‌های منظم و حساب شده ارائه میگردد.

خط در کادرهای محدود و مشخص

فضای کادر خالی فضایی بی‌تحرک و بدون انرژی بصری است، این فضا زمانی معنا پیدا میکند که تصویری در درون آن انرژی بصری را ایجاد و فعال کند. این عنصر تصویری میتواند خط یا عنصر دیگری باشد. بدین ترتیب با قرار دادن

---

[۱] Expression

[۲] شیوه‌ای نوین از بیان تجسمی است که در آن هنرمند برای القای هیجانات شدید خود از رنگ‌های تند و اشکال کج و معوج و خطوط زمخت بهره می‌گیرد.

خط در کادرهای مشخص میتوان این عنصر بصری را سازماندهی و هدایت کرد و خطوط را در جهت نمایش موضوع و محتوایی خاص در رابطه با یکدیگر و یا در رابطه با دیگر اجزای تصویر و با ترکیبی مناسب به کار برد. به طور مثال در قاب یا فریم در عکاسی با استفاده از قاب بندی و زاویه نگاه میتوان حقارت بیننده نسبت به یک آسمان خراش سر به فلک کشیده که نماد مدرنیسم میباشد را با استفاده تصویری از خطوط ساختمان القا کرد.

ترکیب خط و نقطه

همان طور که اشاره شد خط به عبارتی از ایجاد نیروی محرک به نقطه پدید می‌آید به زبان دیگر، خط نقطه ایست که توسط حرکت خلق می‌شود. آمیختگی و ترکیب دو عنصر نقطه و خط زبان خاص خود را می‌سازد که با هیچ کلمه‌ای قابل گویش و توضیح و تفسیر نیست. مانند ترکیب نقطه و خط در اثری از نقاش پر آوازه روسی واسیلی کاندینسکی[۱].

خط و نقطه در ترکیب با هم ممکن است حالت تعادل و یا بی‌تعادلی را ایجاد کنند. به عنوان مثال وقتی نقطه‌ای در پای یک خط عمودی قرار میگیرد، در استحکام و ایستایی آن شریک شده و باعث ایجاد تعادل خواهد شد. بر عکس اگر همین نقطه به طرف بالا حرکت کند بی‌تعادلی را القا خواهد کرد. بنابر این باید در خلق آثار هنری توجه بسزایی در ترکیب بندی و شیوه به کار گیری این دو عنصر مهم بصری که عناصر دیگر از آنها زاده میشوند داشت تا بتوان در رسیدن به هدف معنایی مورد نظر خود موفق عمل کرد. (نعمت الهی، ۱۳۸۶: ص۲۴)

خطوط تجسمی بر اساس جهت حرکت مداوم در یک مسیر کلی به سه دسته تقسیم می‌شوند: افقی، عمودی و مورب یا قطری.

---

[۱] Wassily Kandinsky

چشم انسان به آسانی می‌تواند رابطه‌ای میان این سه گروه خط و سطح برقرار سازد. در واقع، خطوط عمودی و افقی کناره‌های تصویری را که بر سطحی نقش بسته نمایش می‌دهند و قطر خطی است که از حرکت رفت و برگشت چشم میان دو زاویه‌ی رو در رو در این قاب حاصل می‌شود. سایر خط‌ها به صورت غیر مستقیم تری با سطح خویشاوندی دارند. در هنر عکاسی به طور کلی خط‌های مایل و یا خطوط قطر، عنصر بی‌نظمی را در فضای عکس وارد می‌سازند بر خلاف خطوط عمودی و افقی که باعث ایجاد تعادل در قاب تصویر می‌شوند. (مانته، ۱۳۶۸: ص۴۲)

در ادامه به توضیح مختصری درباره انواع مختلف خطوط می‌پردازیم.

خط افقی

این خط ساده ترین شکل خط راست محسوب می‌شود. خطوط افقی در هنرهای تجسمی می‌توانند معرف تعادل، آرامش و سکون باشند، خطوط افقی اغلب القای حالت غیر فعال، بی‌حرکت و خوابیده را دارند همچنین این خطوط حس ثبات، پایداری، عدم تغییر، عدم تعلق به زمان و آسودگی را القا می‌کنند؛ در هنر عکاسی تصاویری که در فرم افقی در قاب تصویر قرار می‌گیرند گویا در یک لحظه زمانی یخ زده و ساکن هستند؛ مانند دشت ها، اشیاء افتاده، افراد خوابیده و غیره. این خطوط می‌توانند به وسیله فرم ایستای خود با عناصر پویا تر عکس تضاد تصویری به وجود آورند.

خطوط افقی می‌توانند در قاب عکاس می‌توانند تداعی گر نیز باشند، به طور مثال ترسیم یک خط تنهای افقی بر یک سطح، بلافاصله افق را تداعی خواهد کرد. نکته قابل توجه در ویژگی‌های خط افق القای مفاهیم مختلف به وسیله جایگذاری این خط می‌باشد، قرار دادن خط افق در بالای کادر حس مسافت را برجسته می‌کند و بر جزئیات پیش زمینه تاکید می‌کند، در حالی که قرار دادن خط افق در پایین، انزوا و تنهایی را در تصویر تشدید می‌کند. همچنین اگر خط افق در وسط کادر جای گیرد هر چند که حکم شکستن یک قانون مقدس را

دارد، قاب را بهم میریزد و تصویر را به دو بخش تقسیم خواهد کرد، اما برای گرفتن انعکاس‌ها مناسب است.

استفاده از مجموعه‌ای از چند خط افقی در عکاسی میتواند حالت درون نمایی را به منظره ببخشد، زیرا این حالت میتواند چشم را در عمق فضایی بکشد که عکس قصد دارد آن را نمایش دهد. خط افقی تناسب زیادی با قطع مستطیل عرضی دارد و مشخصه هر دو القای حس سردی است. خط افق خطی سرد، آرام و صاف است (تصویر ۱-۸، ۱-۹).

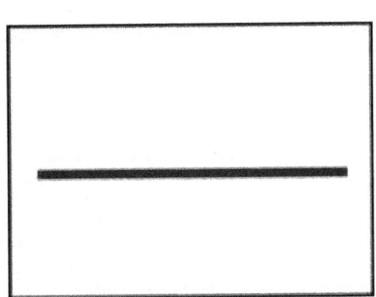

تصویر ۱-۸ خط افقی

تصویر ۱-۹ القای حالت درون نمایی(مانته: ص۴۵)

در عکاسی از طبیعت عکاسان از خطوط افقی برای ایجاد نوعی مسافت و وسعت دادن به منظره مورد نظرشان استفاده میکنند. در عکس افق‌های ناشکسته باعث می‌شوند عکس ساکن و راکد به نظر برسد بنابر این اگر عکاس قصد القای چنین حسی را در قاب بندی و کمپوزسیون[1] تصویر مورد نظرش ندارد، بهتر است فرم‌های ایجاد شده توسط خط افق را با استفاده از اشکال دیگر بشکنید و به آن جذابیت ببخشید.

با استفاده از لایه‌های خطوط افقی، می‌توان به ترکیب بندی قوت بخشند و در عکس ریتم و الگو به وجود آورد. خطوط افقی میتوانند به خودی خود

---

[1] Composition

کمپوزیسیون در لغت به معنای ترکیب و ترکیب بندی است. در سینما و در تصویر ، کمپوزسیون به معنای چگونگی قرار گرفتن عناصر موجود در صحنه از جمله دکورها ، اشیا ، نور ، رنگ ها و شخصیت ها در کنار یکدیگر است ، و به عبارت کلی ، ترکیب کلی صحنه ای که قرار است فیلم برداری شود.

مرکز و موضوع توجه عکس واقع شوند. همچنین نباید از تراز بودن خطوط افقی و قانون یک سوم عکس[1] غافل شد، مگر برای القای مفهومی خاص!

قابل ذکر است، در صورتی که چند خط افقی در قطع مستطیل عمودی نمایش داده شوند، بازی نیروها در تضاد خط‌های " سرد" افقی و سطح "گرم" عمودی قاب نمایانده می‌شود. خط‌های افقی در این حالت میتوانند از لحاظ بصری سطح را به نوارهای عرضی کوچک برش دهند و بدین ترتیب آن را عریض تر از چیزی هست نشان میدهند. (تصویر ۱-۱۰) (همان، ۱۳۶۸: ص۴۴)

تصویر ۱-۱۰ عریض نشان دادن تصویر توسط خطوط افقی(همان: ص٤٤)

خط عمودی

خط عمودی در موقعیتی دقیقا قائم بر خط افقی است و با خط افق تضاد اثر و مشخصه را شکل می‌دهند؛ "خط عمودی، بلندی را نمایش می‌دهد و نه گستردگی را، در نتیجه گرمی را می‌نمایاند و نه سردی را" (واسیلی کاندینسکی). خطوط عمودی نماد و نشانگر ایستایی، نیرومندی، استحکام و دارای تعادل و توازن هستند. از لحاظ مفهومی این خطوط میتوانند مفهوم ایستادگی و مقاومت را القا کنند. در هنر عکاسی، خطوط عمود این قابلیت را

---

[1] قانون یک‌سوم یا نسبت یک‌سوم (به انگلیسی: Rule Of Thirds) قانونی در عکاسی و نقاشی است که تاکید می‌کند، قرار گرفتن عناصر مهم تصویر در محل برخورد خطوط افقی و عمودی که تصویر را به سه قسمت تقسیم می‌کنند، بیش‌ترین توجه را جلب می‌کند

دارند تا حالات و احساسات مختلفی را در عکس پدید آورند. از حس قدرت گرفته تا حس رشد و شکوفایی. این خطوط حس عظمت، جلال و تسلط را بر می‌انگیزند.

استفاده بجا از این خطوط همچنین می‌تواند حس پایداری، آرامش، دوام را القا کند، که این خاصیت، وجه اشتراک مفهومی این خط با خط افقی محسوب می‌شود. همان طور که خطوط افقی با کادر افقی تشدید می‌شوند، خطوط عمود هم با استفاده از کادر عمودی برجسته تر خواهند شد. استفاده از خط عمودی در کادر عمودی بر ارتفاع شیء عمودی تاکید می‌کند و شیء بلند تر به نظر می‌رسد. (تصویر ۱-۱۱)

تصویر ۱-۱۱ استفاده از خط عمودی در کادر عمودی(همان: ص۴۸)

برخلاف خط افق، خط عمودی دارای ویژگی عمق بخشیدن به فضا نیست. هر خط عمودی مستقیما بر چشم پدیدار می‌شود. اگر در تصویری فرم عمودی وجود داشته باشد که این خط را تداعی کند و یا مستقیما از خط عمودی در ترکیب بندی تصویر استفاده کنیم نگاه نمی تواند به آزادی در فضای عکس نفوذ کند و بلافاصله به مانعی بر می‌خورد. (تصویر۱-۱۲)

تصویر ۱-۱۲ استفاده از فرم عمودی در جهت تداعی خط عمودی(همان: ص۴۹)

وقتی در تصویر از خطوط عمودی که با طرح و الگوی خاص تکرار می‌شوند استفاده کنیم، مخصوصا اگر در تضاد با اشکال و خطوطی باشند که در جهات دیگر قرار دارند؛ میتوانیم تاثیر زیادی بر مخاطب بگذاریم. (همان، ۱۳۶۸: ص۴۸)

خطوط مورب یا قطری

خطوط مورب در قاب بیشتر القای ناپایداری را دارند، نامتعادل و متحرک هستند. در نگاه دیگر، خط مورب حالت تزلزل و فروپاشی خط عمود را بیان می‌کند. در یک اثر تجسمی این خطوط برای نشان دادن تحرک، پویایی، خشونت، عدم ایستایی، ناپایدار، عدم سکون و ثبات به کار می‌روند. خط مورب می‌تواند به یک ترکیب ایستا و ساکن، تحرک و انرژی ببخشد. ایجاد ریتم با خطوط قطری یا مورب عموماً میتواند چشم مخاطب را به سمت عکس بکشاند. این خطوط همچنین با قطع خطوط دیگری مانند افقی و عمودی قادرند نقاط توجهی که مد نظر هنرمند عکاس میباشد را در عکس به وجود آورند و اغلب با اشاره به پرسپکتیو[۱] به عکس عمق می‌دهند.

در هنر عکاسی استفاده از خطوط مورب متعدد در جهات مختلف و در تقاطع با یکدیگر میتواند حس حرکت را در عکس ایجاد کند، اما اگر تعداد خطوط بیش از حد زیاد شوند تصویر گیج کننده و پر هرج و مرج خواهد شد.

---

[۱] Perspective

قابل ذکر است که مانند خطوط افقی و عمودی، خطوط موربی که با الگویی خاص در عکس تکرار شوند می‌توانند فی نفسه موضوع اصلی یک عکس باشند. خطوط مورب را به طور کلی میتوان به دو بخش بالارو و پایین رو تقسیم کرد. پیش از ارایه توضیح مختصری درباره خطوط بالارو و پایین رو لازم به توضیح است که در هنر عکاسی خط مورب به دلیل اینکه در یک کادر یا قاب متصل کننده گوشه تصویر به گوشه دیگر میباشد به آن "خط قطر" نیز اطلاق می‌شود.

خط مایل (در عکاسی)

در هنر عکاسی خط‌های آزاد، یعنی مجموعه‌ی خط‌ها به غیر از خط افقی و خط عمودی و مورب در ترکیب بندی هندسی تصویر وارد نمی شوند. مشخصه‌ی خط مایل در این میان، ضدیت با مشخصه‌ی نقطه است که به محکمی بر سطح پابرجا می‌شود. در عکاسی خط مایل عنصر بی‌نظمی را نیز وارد فضای عکس می‌سازد، در این حالت تعادل باید به کمک خط عمودی یا افقی از نو برقرار شود. به طور مثال عکس ۲-۳۱ نشان می‌دهد که چگونه چند خط عمودی موفق به تعادل بخشیدن به ناپایداری خط‌های مایل می‌شوند. در این تصویر خط‌های مایل به دلیل همگرایی با یکدیگر به سوی مرکز از قدرت کمتری برخوردارند. بنابر این خط‌های افقی که میدان و ابرها آنها را رسم کرده اند، تعادل آرام کننده‌ای به خط‌های مایل می‌بخشند (تصویر ۱-۱۳). (مانته، ۱۳۶۸: ص۵۴)

تصویر۱-۱۳ خط مایل در عکاسی

(همان: ص۵٤)

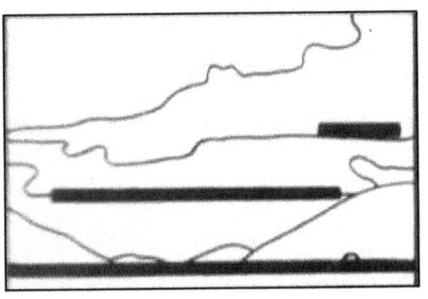

تصویر ۱-۱٤ آنالیز تصویر ۲-۳۱

خط منحنی در هنرهای تجسمی

کاربرد این خط در یک اثر تجسمی ممکن است برای نمایش حرکت سیال و مداوم، نرمی، لغزندگی، آرامش، ملایمت و ملاطفت به تصویر باشد. خطوط منحنی در هنرهای تجسمی، بیشتر ملایمت را در یک کادر القا می‌کنند و دارای حرکتی روان و لغزنده هستند. همچنین می‌توانند فرم را برجسته تر کنند و به اشیای بی‌جان زندگی و حرکت ببخشند. این خطوط، خطوط جذابی هستند و می‌توانند هدایتگر خوبی باشند و چشم مخاطب را به نرمی به سمت مورد نظر هنرمند در قاب هدایت کنند. باید توجه داشت که خطوط منحنی الزاما "S" شکل نیستند بلکه هر خط پیچ و تاب دار، یک خط منحنی محسوب میشود.

خطوط منحنی مانند خطوط قطری حس تحرک را بوجود می‌آورند اما بر خلاف خطوط قطری که حس انرژی به تصویر می‌دهند، حس آرامش را در تصویر متجلی می‌کنند.

خطوط شکسته و زاویه دار

این نوع خطوط در یک کادر معرف حالتی خشن، برنده و سخت هستند، عموما به دلیل تیزی‌ها و زاویه‌های تند در مسیر خود، چشم را آزار می‌دهد و اعصاب را متشنج می‌کند. این خطوط زاویه دار یا به عبارت دیگر زیگ زاگ، به علت وجود دو نیروی همسان که در یک نقطه همدیگر را تقویت می‌کنند، بیان کننده قدرت و تحرک بوده و از لحاظ بصری نیروی کشش و جاذبه را القا می‌کند. قابل ذکر است که خطوط می‌توانند در مسیر حرکت خود دارای شرایط زیر باشند :

ضخیم یا نازک، قوی یا ضعیف ، تیره یا روشن، بلند یا کوتاه و بریده بریده، کم یا متعدد، می‌توانند در جهت مسیر حرکت خود به شکل‌های مختلفی از جمله زیگ زاگ، شکسته و یا موجی درآیند. می‌توانند به صورت منظم و یا نامنظم در مسیر اصلی حرکت خود تغییر جهت دهند و هرکدام از این تغییرات

و فرم‌ها میتوانند مفهومی خاص را برای هر نوع خط القا کنند. (غلامی، ۱۳۹۲)، (سایت حوزه هنری، آموزش تکنیک‌های تصویرسازی، ۱۳۹۱)

انواع دیگری نیز از خط در هنر عکاسی وجود دارد که به ذکر چند عدد از آنها بسنده می‌کنیم: منحنی‌های با گشادگی‌های مختلف، خط‌های موج دار ، خط منکسر، خط‌های یونانی و البته تمامی خط‌های آزاد.

همان طور که قبلا هم ذکر شده است، خط بیان خاص خود دارد و هر خطی، بر حسب مشخصه‌ی خود، به صورت متفاوتی احساس می‌شود. مسیر خشک و پر زاویه خط‌های تصویر شماره ۱-۱۵ که با بازی سایه‌ها و نورها تقویت شده نسب به مسیر نسبتا نرم خط‌های تصویر۱-۱۶ بیان سخت تری دارد. همچنین، در دو تصویر زیر میتوان به این نکته نیز توجه کرد که خطوط از کناره‌ای به کناره‌ی دیگر، تصویر را به تعدادی سطح برش می‌دهند. هرگونه خطی که میان دو ضلع فضایی محدود شده رسم شود، آن را به دو سطح تقسیم می‌کند و حتی اگر این خط به دفعات بیشتری در مکان‌های مختلفی در قاب فضا را قطع کند، آن را به چندین سطح تقسیم خواهد کرد.

تصویر ۱-۱۵ خطوط خشک و پرزاویه (همان: ص٥٦)

تصویر۱-۱٦ خطوط نرم(همان: ص٥٧)

خط‌های دارای مسیر آزاد

در عکاسی، خط‌هایی با مسیر آزاد به خطوطی گفته میشوند که نه عمودی و افقی و نه مایل و قطری میباشند و با پیچش در مسیری به ظاهر بی‌قاعده

حرکت میکنند. خطهای تصویر (۱۷-۱) خطهایی با مسیر آزاد هستند که دارای بیشترین قدرت بیانی‌اند. این نکته در تصاویر سیاه و سفیدی که که تضاد ۵ بسیاری دارند بیشتر نمود میکند و با وضوح بیشتری قابل مشاهده است. در این تصویر همچنین، عوامل هنری دیگری در برجستگی بخشیدن به بیان تصویر سهیم بوده اند که عبارتند از: تضاد میان خطهای نازک و خطهای کلفت، مسیر نامنظم خط که گاه ضخیم می‌شود و گاه تا حدی باریک می‌گردد که در پاره‌ای از موارد تقریبا به کلی ناپدید می‌شود مانند برخی شاخه‌های نازک درخت خشک شده، ما این خط را خط نقاشی[۱] وار وصف میکنیم. (مانته، ۱۳۶۸: ص ۵۸)

تصویر ۱-۱۷ خطهای دارای مسیر آزاد(همان: ص۵۸)

با وجود این توضیحات و اطلاع از مفاهیم و اثرات عناصر مختلف بصری در قاب تصویر، به راحتی میتوان از شیوه چینش یا ترکیب بندی تصویر و شیوه استفاده هنرمند از عناصر بصری تا حدود زیادی به قصد و نیست هنرمند در جهت انتقال مفهومی خاص و یا به شیوه نگاه او در مواجهه با چینش عناصر و استفاده از آنها پی برد.

[۱] Pittoresque

فصل دوم
سینما

فصل۲- سینما

اگر به درستی نگاه کنیم، به راحتی قبول میکنیم که فیلمها مانند کتابها، سمفونی‌ها و حتی ساختمان‌ها هستند، مصنوعاتی ساخته بشر در جهت منظورهای بشری. به عبارت دیگر سینما مصنوعی است که انسان آن را به عنوان وسیله‌ای برای ابراز آنچه میخواهد عنوان کنند ساخته است.

هنگامی که ما در میان خیل کثیری از تماشاگران به تماشای فیلمی جذاب می‌نشینیم، همیشه این واقعیت که چیزی که در حال تماشای آن هستیم یک چیز طبیعی مثل یک گل یا یک ستاره نیست پیوسته از ذهن ما میرود. سینما چنان ما را مجذوب خود میکند که به کلی فراموش میکنیم فیلمها ساخته شده‌اند. درک این هنر اعجاب انگیز در گرو این است که بدانیم فیلم هم محصول ابزار و هم کار انسانی است.

تماشای یک فیلم با دیدن تابلوی نقاشی، نمایشی بر روی صحنه و یا حتی نمایش اسلاید متفاوت است. فیلم توهمی از حرکت تصاویر ارایه میدهد. حال میتوان پرسید چه چیزی این حس "تصاویر متحک" و این جلوه خاص را خلق میکند؟

برای خلق سینما باید رشته‌ای از تصاویر توسط شیوه و مکانیزمی خاص در مقابل تماشاگر به نمایش درآیند. این مکانیزم به صورتی است که هر تصویر را برای مدت کوتاهی در مقابل چشمان تماشاگر آشکار میکند و بین هر دو تصویر پشت سر هم فاصله‌ای از تاریکی قرار می‌دهد. در این حالت، اگر سلسله‌ای از تصاویر یک شیء که کمی با یکدیگر اختلاف دارند نشان داده شود، فرایندهای فیزیولوژی و روانشناختی در بیننده توهم دیدن تصویرهای متحرک را خلق خواهد کرد. (بوردل، تامسون، ۱۹۴۷: ص ۶).

در حقیقت، سینما نوعی هنر است که به دلیل تغذیه شدن از فرهنگ مردم، یکی از نیرومند ترین و گستره ترین فرم بیانی فرهنگ است. این هنر با توجه به هزینه زیاد تولید آن، به مردم و مشتریان خود وابسته است، در حقیقت کارگردان فیلم هم تحت تاثیر سرمایه گذار و هم وابسته به بازار فیلم که

مشتریان آن را تشکیل میدهند میباشد. "سینما قبل از هرچیز نوعی صنعت فرهنگیست" . (اسحاق پور، ۱۳۷۵)

عملکرد یک فیلم چگونه است؟

حال بهتر است بگوییم عملکرد یک فیلم چگونه است؟

فیلم مانند همه آثار هنری، باید به عنوان یک ساختار فرمی[۱] درک شود. این فرضیه ما را به سمت شناخت بیشتری در باره شناخت فرم و چگونگی تحت تاثیر قرار گرفتن توسط فرم، اصول اساسی فرم فیلم و فرم‌های روایی و غیر روایی در سینما میکشاند که از حوزه این تحقیق خارج است. چیزی که در این میان میتواند در روند و روشن شدن مسیر این پژوهش به ما یاری رساند دانستن این امر است که موضوع فرم در فیلم در عین حال مطالعه تکنیک‌هایی که خصلت نمای فیلم به عنوان یک رسانه هستند را پیش می‌کشد. به زبان دیگر، نمای فیلم به عنوان رسانه‌ای در انتقال مفهوم میبایست برای انتقال صحیح هر موضوع به مخاطب از تکنیک‌هایی برخوردار باشد که فرم کل فیلم را میسازند.

پیش از صحبت درباره تکنیک‌های فرم ساز در سینما بهتر است مختصری درباره مفهوم فیلم توضیح دهیم.

اگر ما در حال شنیدن آواز یا قطعه موسیقی‌ای باشیم و آن آواز یا قطعه ناگهان قطع شود، احساس واخوردگی به ما دست خواهد داد. اگر ما شروع به خواندن کتابی کنیم و در مرحله‌ای که مجذوب آن شده ایم کتاب را گم کنیم نیز همین حال در ما ایجاد خواهد شد. دلیل به وجود آمدن این احساس این است که تجربه ما از یک اثر هنری دارای الگو و ساختار است. "ذهن انسان فرم را ایجاب میکند".

در مواجهه با انسانی که به عنوان مخاطب نمایشنامه یا رمانی می‌خواند، به موسیقی گوش میدهد و یا فیلمی را تماشا میکند، اولین چیزی که مطرح میشد

[۱] Formal

فرم هنری است. آثار هنری متکی به بر این قابلیت پویا و وحدت بخش ذهن انسان است.

هر رمان چیزهایی را به عهده تخیل خواننده میگذارد، هر آهنگی در ما انتظار شنیدن ملودی خاص آن آهنگ را پدید می‌آورد؛ و البته هر فیلمی ما را در گرو رشته‌ای از حوادث می‌اندازند تا بتوانیم آنها را در گرو یک کلیت بزرگتر به هم مرتبط کنیم. اما چه میشود که که یک قطعه موسیقی و یا یک فیلم ما را به چنین فعالیتی وا میدارد؟

به نظر میرسد که بهترین پاسخ برای این پرسش این باشد که یک اثر هنری ما را "بر می‌انگیزد" تا ما کار ویژه‌ای در راستای القای مفهوم آن اثر انجام دهیم. بدون انگیزه‌ای که اثر هنری به ما انتقال می‌دهد، ما نمیتوانیم وارد فرایند آن اثر شویم و آن را حفظ کنیم. همینطور بدون شرکت ما و بدون درک علایم و اشاره ها، اثر هنری صرفا یک شیء مصنوع خواهد بود. به طور کلی هر اثر هنری اشارت‌هایی را خلق میکند که می‌تواند فعالیت خاص و برداشت خاصی را در مخاطب به ظهور برساند.

باید توجه داشت که هیچ یک از این انگیزش‌ها اتفاقی نیستند و میتوان به آنها در قالب سیستمهای[1] سازماندهی شده‌ای نگریست که ما را به سمت درک مطلبی پیش میبرند. به طور مثال بدن انسان چنین سیستمی دارد، بدن انسان اجزای کوچکی تشکیل شده است که همه به هم وابسته هستند، اگر عضوی مانند قلب دچار اختلال شود بقیه اعضا دچار مشکل خواهند شد. در این حالت کل سیستم به یکدیگر وابسته هستند. همچنین دستگاه‌های انتزاعی تر نیز دارای یک سیستم هستند، مثلا مجموعه قوانین حاکم بر یک کشور و یا حتی تعادل زیست محیطی حیات وحش در یک دریاچه.

یک فیلم نیز مانند مثال‌های فوق، صرفا مجموعه‌ای از عناصر که به صورت تصادفی کنار هم گرد آمده اند نیست. فیلم مانند همه آثار هنری دارای یک فرم است، منظور از فرم در فیلم در مفهوم عام، سیستم کلی‌ای محسوب می‌شود

---

[1] منظور از سیستم در اینجا عبارت است از گروهی از عناصر که به هم وابسته اند و روی هم تاثیر می گذارند

که بیننده در فیلم دریافت میکند. فرم عبارتست از سیستم فراگیر حاکم بر روابط بین عناصری که در کنار یکدیگر باعث خلق فیلم میشوند تا ما بتوانیم یک فیلم واحد را درک کنیم. قابل ذکر است که مخاطب سینما یا همان تماشاگران از طریق شناسایی این عناصر و واکنش به آنها به طرق مختلف با فیلم رابطه برقرار میکنند.

تکنیک‌های فرم ساز در سینما به چهار دسته تقسیم میشوند: میزانسن[۱]، فیلمبرداری، تدوین[۲] و صدا. (بوردل، تامسون، ۱۹۴۷: ص ۴۷ تا ۵۵)

نما یا میزانسن

از بین همه‌ی تکنیک‌های سینما، میزانسن تکنیکی است که ما چه به عنوان بیننده و چه به عنوان هنرمند، بیشترین آشنایی را با آن داریم. در حالت معمول عموما ما بعد از دیدن یک فیلم، حرکات دوربین، دیزالوها[۳] یا صداهای خارج از تصویر[۴] را به خاطر نیاوریم ولی مطمئنا عناصر میزانسن را به یاد خواهیم داشت. ما لباس‌ها را در بر باد رفته یا نورپردازی غمناک سرد را در زانادوی چالرز فاستر کین فراموش نکرده ایم. خاطره‌ی روشن خیابانهای بارانی و دلگیر در خواب ابدی یا خانه‌ی گرم و صمیمی در مرا در سنت لوئیس ملاقات کن همیشه در ذهن کسانی که این فیلم‌ها را دیده باشند ماندگار هستند. خلاصه کلام، اغلب خاطره‌های ماندگار از سینما مربوط به این تکنیک مهم در بدنه سیستماتیک سینما یعنی عنصر میزانسن هستند. (همان، ۱۹۴۷: ص ۱۵۷)

میزانسن کلمه‌ای فرانسوی است که در زبان فرانسه به معنی "به صحنه آوردن یک کنش" و یا به معنای "آرایش و تنظیم صحنه" می‌باشد، اما در اصطلاح رایج معنی کاملا متفاوتی با طراحی صحنه دارد و عملا مرحله‌ای بعد

---

[۱] mise en scène

[۲] Film editing

[۳] Dissolve

فنی است در تدوین و در اتصال دو نما از فیلم در سینما به کار میرود، در این فن تدوین الف تدریجا محو شده و تصویر ب جایگزین میشود

[۴] صداهایی که منبع آن را در تصویر نمیبینیم اما شنیدن آنها به روند داستان کمک میکند

از طراحی صحنه است که به عهده کارگردان است. این کلمه اولین بار به کارگردانیِ نمایشنامه اطلاق شد، در حقیقت واژه‌ای متعلق به حیطه تئاتر است و به وظیفه کارگردان تئاتر گفته می‌شده است. در حقیقت کارگردان به وسیله میزانسن، مناسباتی میان عناصر تشکیل دهنده صحنه سینمایی برقرار میکند که عناصری متغیر هستند مانند تغییر وضعیت نور بر روی بازیگر در حال حرکت و یا تغییر دوربین و رسیدن به نمایی متفاوت با نمای پیشین. از این مطلب نتیجه میگیریم که تفاوت میزانسن تئاتر و سینما دو عنصر زمان و حرکت است. همچنین تفاوت میان طراحی صحنه تئاتری و سینمایی در ایستا بودن و ثابت بودن زاویه دید در تئاتر و در سینما حرکت و تغییر صحنه است.

مهم است بدانیم که این واژه ابتدا توسط منتقدان پیرو نظریه تئوری مولف[۱] در سالهای نخست شکل گیری این نظریه وارد حیطه سینما شد. لازم به ذکر است که یکی از نخستین کسانی که کوشیده است تا درمورد عملکرد و معنا و مفهوم واژه میزانسن در سینما تعریفی ارائه دهد الکساندر آستروک[۲] منتقد و فیلمساز فرانسوی بوده است. او در سال ۱۹۵۹ در مقاله معروفش با نام "میزانسن چیست؟" نوشت: ((میزانسن شیوه خاصی است برای گسترش و تبدیل التهاب‌ها و جنبش‌های پدیده‌های روحی به حرکتهای جسمانی: یک ترانه، یک ریتم، یک رقص)) . یا در جایی دیگر منتقد معروف سینما "لوک موله"[۳] در همان دوران نوشت: ((... فیلم فقط فیلمنامه، بازی و حتی تدوین نیست. تمامی روح یک فیلم در این مفهوم مرموز ولی زنده‌ای خلاصه می‌شود که میزانسن خوانده می‌شود... با تاریک شدن سالن نمایش و باز شدن پرده، مستطیلی از نور در مقابل جان میگیرد و این زمان و مکان ساختگی به زودی ما را محو خود میسازد. انرژی مرموزی که پشت این تصاویر قرار دارد و این سایه روشن‌ها و این صداها را شکل میدهد، میزانسن خوانده می‌شود. توجه ما روی این عامل متمرکز شده و این، نیرویی پنهانی است که جهانی را خلق

---

[۱] یک نظریه سینمایی است که تلقی اش از فیلمساز به مثابه یک آفرینشگر یا مولف اثر سینمایی است.

[۲] Alexandre Astruc

[۳] Luc Moullet

میکند. مانند لرزش نت‌های یک قطعه موسیقی، مانند روانی کلمات یک شعر، مانند هماهنگی و آمیزش رنگ‌های یک تابلو، آرایش و قرار گرفتن بازیگران و اشیاء و حرکت آنها در یک کادر فیلم نیز باید مبین همه چیز باشد.))

در جای دیگر کیومرث وجدانی[1] نظر خود را در مورد میزانسن اینگونه بیان میکند: ((ترکیب تعمدی کلیه عناصر موجود در کادر، در یک لحظه معین برای بیان یک ایده معین در همان لحظه)). وی چند سال بعد گفته خود را اینگونه کامل میکند. ((...مجموعه انسانها و محیط ضبط شده روی نوار فیلم وسیله بیانی فیلمساز را تشکیل می‌دهد. انعکاس این نوار فیلم وسیله بیانی فیلم ساز را تشکیل میدهد. انعکاس این نوار فیلم روی پرده سینما تشکیل تصاویری را می‌دهد که در طول زمان جریان دارند.

اگر این جریان از روی تعمد و در خدمت افکار فیلمساز باشد (و یا به عبارت واضح تر فیلم میزانسن داشته باشد) نتیجه کار فیلمساز مثبت است. به وسیله ترکیب عناصر متشکله تصویر در داخل تصویر و بهم خوردن این ترکیب در اثر حرکت مداوم عنصر است که کارگردان مفهوم می‌آفریند. و این مفهوم خاص هنر سینماست و به هیچ هنر دیگری تعلق ندارد. زیرا کلیه این تغییرات مداوم صرفا زائیده حرکت و حرکت عنصر اساسی سینماست. چیزی که سینما با آن و به خاطر ضبط آن به وجود آمده. اگر این حرکت در تمام لحظات فیلم تعمدی و در خدمت خواسته‌ها و فکرهای فیلمساز باشد فیلم دارای "میزانسن" است. و داشتن یا نداشتن میزانسن اساسی ترین معیار قضاوت درباره ارزش و یا بی‌ارزشی یک فیلم می‌باشد...))

قابل ذکر است که در سینما، این اصطلاح را به کارگردانی فیلم تعمیم داده اند و آن را برای تاکید بر توانایی و کنترل کارگردان بر آنچه که در قاب تصویر در فیلم دیده می‌شود به کار می‌برند.

میزانسن عالی ترین جلوه و مهمترین مقوله سینمایی از لحاظ جنبه‌های کارگردانی است زیرا نمایانگر تمام مناسبت‌ها و روابطی است که کارگردان در

---

[1] کیومرث وجدانی، منتقد و محقق، دکترای روانشناسی

روابط میان بازیگران، اشیاء، حرکت دوربین ، نورپردازی، صحنه آرایی و لباس در نظر گرفته و می‌آفرینند تا جهان بینی معنایی خود را در قاب تصویر متجلی کنند. به تعبیری میزانسن همان کارگردانی است. (کریمی، مرداد ۱۳۷۳: ص ۴۱-۴۰)، (بوردل، تامسون، ۱۹۴۷: ص ۱۵۸)، (کریمی، ۱۳۶۵)، (وجدانی،۱۳۴۳)، (وجدانی، ۱۳۴۶)، (امینی، شهریور ۱۳۷۳:ص ۳۹).

برای روشن شدن بیشتر نقش میزانسن در معنای تصویر از مثالی در این زمینه استفاده میکنیم. در سکانسی از فیلم شاید وقتی دیگر، کارگردان (بهرام بیضایی) در پلانی که در یک سمساری اتفاق می‌افتد، با چینش حرفه‌ای میزانسن به شکلی که تابلوی نقاشی‌ای که توجه شخصیت اصلی (مژده شمسایی) را به سمت خود جلب میکند و شبیه اوست را در جایی کنار یک آینه به شکلی قرار داده است که با افتادن تصویر تابلو در آینه و دیدن دو تصویر تابلو در کنار هم، حس دوگانگی و دو شخصیتی کاراکتر[1] اصلی به خوبی نمایان میشود. همچنین در پلان بعدی در همین سکانس، کارگردان با استفاده از نورپردازی در میزانسن هنگامی که کاراکتر فیلم جلوی تابلوی تصویر خودش قرار میگیرد، با استفاده از افتادن سایه شخصیت اصلی بر روی تابلوی نقاشی شخصیت مبهم شخص را نمایان میکند و بدین شکل، دوگانگی هویتی که در بازیگر نقش اول فیلم حاکم است به خوبی به وسیله میزانسن به بیننده منتقل می‌شود (تصویر ۲-۱ و ۲-۲).

---

[1] شخصیت

تصویر ۲-۱تاثیر میزانسن در انتقال معنا در فیلم شاید وقتی دیگر

تصویر ۲-۲ تاثیر میزانسن در انتقال معنا در فیلم شاید وقتی دیگر

قبل از تحلیل تفصیلی میزانسن بهتر است بدانیم که میزانسن اغلب با معیارهای رئالیزم سنجیده میشود. فرهنگ ها، زمانها و حتی افراد تصور متفاوتی از رئالیزم دارند. با این حال، رئالیزم به عنوان یک معیار ارزش، یکی از مساله سازترین بحث‌های فلسفه‌ی هنر شده است. مهمترین مشکلی که در اصرار سرسختانه بر رئالیزم به وجود می‌آید این است که اهمیت دادن به این سبک چشم ما را بر گستردگی و وجوه مختلف امکاناتی میزانسن که میتواند در پیکره معنایی تصویر یک فیلم در اختیار ما قرار دهد میبندد.

به عنوان مثال در قابی از فیلم مطب دکتر کالیگاری[1] (تصویر ۲-۳) اثر رابرت وینه[2] پشت بام‌های کنگره‌دار و دودکش‌های اریب مطمئنا با تصور ما از واقعیت متعارف منطبق نیست. با این حال، محکوم کردن فیلم به دلیل اینکه دودکش‌ها در آن اوریب هستند، کاری سراسر اشتباه خواهد بود. فیلم برای نشان دادن خیالات یک مرد دیوانه همه چیز را انتزاعی کرده است. این فیلم از قراردادهای نقاشی و تئاتر اکسپرسیونیستی استفاده کرده است تا بتواند حال و هوای یک دیوانه را در قاب تصویر القا کند. فیلمساز مختار است که از هر سیستم میزانسنی که می‌خواهد استفاده کند و وظیفه‌ی ماست که کارکرد آن را در کل فیلم تجزیه و تحلیل کنیم و بفهمیم دلیل استفاده این نوع میزانسن در فیلم چه بوده، این میزانسن چگونه تغییر می‌کند یا بسط می‌یابد و در ارتباط با فرم‌های روایی[3] یا غیر روایی[4] چگونه عمل می‌کند. (بوردل، تامسون، ۱۹۴۷: ص ۱۵۸)

---

[1] Das Kabinett des Doktor Caligari
[2] Robert Wiene

[3] فرم روایی: فرمی که در آن داستانی روایت می شود
[4] فرم غیر روایی: فرمی که در آن مشخصا داستانی روایت نمیشود، مانند فیلم های آموزشی، سیاسی تبلیغی، انتزاعی و تجربی

تصویر۲-۳ قابی از مطب دکتر کالیگاری(بوردل: ص ۱۵۸)

اجزاء میزانسن

بعد از شناخت درست میزانسن بهتر است به صورت جزیی به موارد استفاده از میزانسن در بخش‌های سینما بپردازیم و ببینیم میزانسن چه امکاناتی از بابت انتخاب و کنترل در اختیار کارگردان قرار می‌دهد؟ در مجموع چهار حوزه‌ی کلی وجود دارد که سیستم یا بدنه میزانسن را تشکیل میدهند.

صحنه

صحنه در سینما، فضای دو بعدی (پرده) ایست که یک نمای فیلم در آن بازنمایی میشود و وقایع فیلم درن آن رخ میدهد. صحنه میتواند مکانی دست ساخته " استدیو"[۱] باشد و یا مکانی واقعی، امروزه با پیشترفت تکنولوژی اغلب فیلم‌ها در مکان‌های واقعی فیلمبرداری می‌شوند. استفاده از استدیوها همیشه در جهت کنترل بیشتر بر صحنه‌ها و کاهش مزاحمت‌ها و هزینه‌های ناخواسته مورد استفاده قرار میگرفته است. (میلان، ۱۳۹۵)

دریافت صحنه در تئاتر و سینما بسیار متفاوت است. به گفته منتقدین و تماشگران سینما، صحنه در سینما نقشی موثر تر و فعال تر از بیشتر سبک‌های تئاتری دارد. آندره بازن[۲] مینویسد:

انسان در تئاتر مهمترین چیز است اما درام روی پرده می‌تواند بدون بازیگر وجود داشته باشد. دری که محکم بسته می‌شود، برگی در باد، امواج کوبان بر ساحل می‌توانند تاثیر دراماتیک را شدت بخشند. بعضی شاهکارهای سینما از انسان صرفا به عنوان ابزار صحنه استفاده می‌کنند، به عنوان سیاهی لشگر، یا نقش مقابل طبیعت، که قهرمان اصلی است.

---

۱ Studio

۲ André Bazin

بدین صورت، صحنه در سینما نسبت به تئاتر نقش موثر تری در هدف رسانه‌ای این هنر می‌یابد و دیگر تنها محلی برای کنش‌ها و واکنش‌ها نیست، بلکه می‌تواند به صورتی فعال وارد کنش‌های روایت شود و حتی در جهت انتقال معنا و مفهوم و حال و هوای فیلم کمک به سزایی کند. (تصویر ۲-۴)

تصویر ۲-٤ صحنه در سینما از فیلم قرارداد نقشه کشی

در فیلم قرارداد نقشه کش (The Draughtsman 's Contract) به کارگردانی پیتر گرینوی[۱]، محصول ۱۹۸۲، فیلمساز از طریق میزانسن میتواند صحنه را به شیوه‌های گوناگونی کنترل کند. یک روش این است که محل (لوکیشن)[۲] واقعی را که مدنظر دارد پیدا کند و کنش‌های صحنه فیلم را در آن مکان اجرا کند. از طرف دیگر فیلمساز ممکن است بخواهد صحنه را بسازد، مانند اصغر فرهادی برای صحنه‌های داخلی خانه دو شخصیت فیلم "سمیر و مارین. "

ژورژ ملی یس معتقد بود در استدیو دست کارگردان برای کنترل صحنه بازتر است، بسیاری از فیلم سازان بعدی راه ملی یس را پیش گرفتند. پیروی از این شیوه در فرانسه، آلمان و به خصوص امریکا در راستای امکان خلق دنیایی تماما مصنوعی، منجر به پیدایش شیوه‌های گوناگون ساخت صحنه و خلق بسیاری امکانات سینمایی شد. در این میان برخی کارگردانان اصرار دارند که

---

[۱] Peter Greenaway
[۲] Location

صحنه عینا مطابق با اصل باشد مانند آلن ج. پاکولا[1] برای فیلم همه مردان رییس جمهور (۱۹۷۶)[2] که در آن سعی شده است دفتر واشنگتن پست با خلق تمام جزئیات اتاق خبر بازسازی شود، حتی کاغذ باطله‌های دفتر واشنگتن پست در صحنه پراکنده شده است.

فیلم‌های دیگری هم هستند که آزادانه به طراحی میزانسن پرداخته و خود را در قید حقیقت تاریخی صحنه قرار نمیدهند. مانند دیوید وارگ گریفیث[3] که در فیلم تعصب[4] بابل او بخشی آشوری، بخشی مصری و بخشی آمریکایی است و گریفیث در آن یک تصویر شخصی از آن شهر را می‌سازد (تصویر ۲-۵)

تصویر ۲-۵ نمایی از شهر بابل در فیلم تعصب (بوردل: ص ۱۶۱)

یک صحنه ممکن است بر بازیگران مسلط باشد مانند نمایی از فیلم دنیای تبهکاران[5] ساخته ژوزف فون اشترنبرگ و هنری هاتاوی[6] (۱۹۲۷) که کارکتر غرق در رشته‌های کاغذ است (تصویر ۲-۶).

[1] Alan J.Pakula
[2] All the President's Men
[3] David Llewelyn Wark "D. W." Griffith
[4] Intolerance
[5] Underworld
[6] Josef von Sternberg, Henry Hathaway

تصویر ۲-۶ نمایی از فیلم دنیای تبهکاران(بوردل: ص ۱۶۱)

شیوه‌های کنترل صحنه از طریق میزانسن تنها به این چند مورد بسنده نمیشوند، مواردی مانند تکرار رنگ نیز میتواند بحثی مفصل در این زمینه را ایجاد کند که ما با توجه به موضوع مورد بررسی به آن نخواهیم پرداخت. در مجموع، با توجه به موارد مطرح شده، صحنه به عنوان عنصر مهمی در میزانسن میتواند کمک به سزایی در تکامل معنایی فیلم داشته باشد.

لباس و چهره پردازی

لباس و چهره پردازی نیز مانند صحنه آرائی کارکردهای ویژه‌ای در فیلم دارد و امکاناتی که در جهت انتقال حال و هوای فیلم در اختیار کارگردان میگذارد بسیار وسیع است. برای مثال در فیلم تفنگداران پیگ الی[۱]، ساخته گریفیث، لیلین گیش[۲] بازیگر فیلم در لباس رنگ و رو رفته و نخ نما ظاهر می‌شود که چکیده‌ی فقری است که کاراکتر او در آن زندگی می‌کند. از طرف دیگر مانند حالت‌های مختلف در به تصویر کشیدن صحنه، لباس نیز ممکن است کاملا انتزاعی باشد و توجه را به کیفیت گرافیکی محض خود جلب کند. به طور مثال در فیلم مطب دکتر کالیگاری که در متون قبل نیز مثالی از آن زده شده، سزار خواب گرد لباس چسبان سیاهی پوشیده، در حالی که زنی که توسط سزار ربوده می‌شود لباسی سفید برتن دارد.

---

۱ The Musketeers of Pig Alley
۲ Lilian Gish

در همین راستا رنگ که خود یک عنصر تجسمی برای توصیف موضوع یک اثر و خصوصیات آن محسوب می‌شود در میزانسن لباس و صحنه نیز از اهمیت خاصی برخوردار است. (آموزش و پرورش، ۱۳۹۲)

به طور مثال، در یک نما از فیلم کازانوای فلینی[۱] به کارگردانی فدریکو فلینی[۲] (۱۹۷۶) که درجه بندی رنگی از لباس‌های قرمز پررنگ تا دیوارهای قرمز کمرنگ را شامل می‌شود، کل ترکیب بندی توسط یک لکه‌ی سفید کوچک در عمق صحنه به تعادل می‌رسد (تصویر ۲-۷).

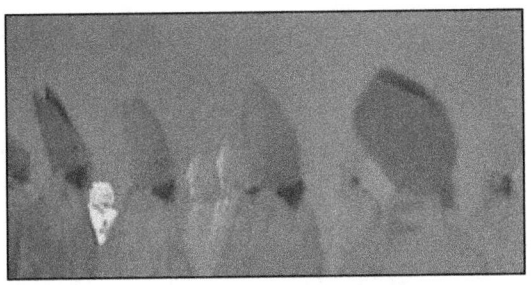

تصویر ۲-۷ نمایی از فیلم کازانوای فلینی(بوردل: ص ۱۹۰، بخش رنگی)

قابل ذکر است که لباس و صحنه هر دو می‌توانند پراپ[۳]هایی را برای سیستم روایی فیلم ایجاد کنند. مانند تصوری که از دراکولا داریم که چطور شنل مواج او هیکلش را پوشانده، چطور شنلش باز می‌شود و به سرعت دور قربانی می‌پیچد. در سینما حتی یک تکه از لباس هم می‌تواند پراپ شود.

بهتر است به این توجه کنیم که لباس در بیشتر موارد با صحنه هماهنگی نزدیکی دارد و میزانسن مفهومی مورد نظر کارگردان را می‌سازند، همچنین میتوانند به پیشترفت روائی فیلم کمک کنند.

هر آنچه که درباره لباس گفته شد، در مورد چهره پردازی بازیگران که از حوزه‌های مربوط به میزانسن است نیز صادق است. در دوران آغازین سینما،

---

[۱] Fellini's Casanova

[۲] Federico Fellini

[۳] اصطلاحی وام گرفته از میزانسن تئاتری. وقتی یک شیء در صحنه نقش فعالی در کنش های در حال حدوث می یابد، به آن شیء پراپ می گویند.(بوردل، تامسون، ۱۳۷۷)

چهره بازیگران روی فیلم‌ها به خوبی ثبت نمی شد، از این رو چهره پردازی در آغاز ضرورت پیدا کرد. از آن زمان تا به حال امکانات چهره پردازی وسعت و پیشرفت زیادی پیدا کرده است و همواره از آن برای برجسته کردن حضور بازیگرانی بر روی پرده، استفاده شده است. یکی از کارکردهای بارز چهره پردازی شبیه کردن بازیگران به شخصیت‌های تاریخی بوده است.

امروزه حرفه‌ی چهره پردازی بجز فضای رئالیسمی در ژانرهای فانتزی، وحشت، و علمی تخیلی توسعه یافته است. در چنین زمینه‌هایی چهره پردازی، مانند صحنه و لباس در خلق ویژگی‌های کاراکتر و پیشبرد کنش طرح فیلم اهمیت بیشتری می‌یابد.

نورپردازی

نورپردازی بخش عمده‌ای در تاثیرگذاری تصویر دارد و به ترکیب بندی کلی نما شکل می‌دهد. این هنر در سینما تنها نور تاباندن به اشیا فقط برای نمایاندن آنها نیست. بخش‌های روشن تر و تیره ترِ درون قاب ترکیب بندی هر نما را می‌سازد و بدین ترتیب نگاه ما را به اشیا و کنش‌های خاص معطوف می‌کند. به طور مثال در یک تصویر، لکه‌ای که نور بیشتری دریافت کرده است می‌تواند چشم ما را به یک ژست مهم جلب کند و یا در مقابل، سایه میتواند جزئیات را پنهان کند یا باعث برانگیختن حس کنجکاوی مخاطب در مورد کشف آنچه ممکن است در آنجا باشد می‌شود. نورپردازی همچنین میتواند مفهوم بافت را در تصویر ایجاد کند: خطوط نرم یک صورت، بافت زبر یک تکه چوب، نقوش ظریف تار عنکبوت، درخشندگی شیشه، تلالو یک جواهر تراش خورده.

نورپردازی میتواند با ایجاد نقاط تیره و روشن به اشیاء شکل دهد، نشانه‌هایی را ایجاد می کند می‌تواند مفهومی را در ذهن مخاطب بسازد.

بهتر است بدانیم که دو نوع سایه وجود دارد که هر دو در ترکیب بندی سینمایی نقش مهمی را ایفا میکنند: سایه‌های پیوسته و سایه‌های افکنده. وقتی

قسمتی از شیء جلوی منبع نوری قرار میگیرد بخشی از آن نور میخورد و به طبع روشن می‌شود و بخشی در تاریکی می‌ماند، این سایه پیوسته نامیده می‌شود. در عین حال نور تابیده شده باعث ایجاد سایه‌ای بر روی دیوار می‌شود که سایه افکنده نام دارد. این نقاط تیره و روشن در هر دو حالت بخشی از میزانسن هستند که به حس فضای فیلم کمک می‌کنند. مانند مثالی که از فیلم "شاید وقتی دیگر" ساخته بهرام بیضایی زده شد.

نورپردازی چهار ویژگی عمده دارد: کیفیت، جهت، منبع و رنگ که با توجه به چهارچوب این تحقیق به طور خلاصه به آن‌ها می‌پردازیم.

کیفیت نورپردازی بر شدت نسبی نورپردازی دلالت دارد. نورپردازی "سخت" سایه‌های مشخص و تند و بافت‌ها و کناره‌های تیزی ایجاد می‌کند، نورپردازی "نرم" پخش است و خطوطی نرم تر و کنتراست[۱] ملایمی ایجاد می‌کند، همچنین می‌تواند خطوط بافت‌ها را محو کند. البته این اصطلاح‌ها نسبی هستند و اغلب نورها جایی بین این دو کیفیت (نرم و سخت) قرار میگیرند.

جهت نورپردازی به مسیری اطلاق می‌شود که نور از یک یا چند منبع به شیء می‌تابد. جهت نور را می‌توان به چند بخش تقسیم کرد که با توجه به موضوع تحقیق تنها به اشاره ویژگی‌های مختصری از هرکدام از آنها بسنده می‌کنیم. نور جلوئی یا روبه رو، نور جانبی، نورپشتی، نور پایین و نور بالا.

نور جلوئی: از جلو می‌آبد و با حذف سایه‌ها باعث ایجاد تصویری تخت می‌شود. نور جانبی:از زوایای جانبی به جشم یا شخص می‌تابد.

نور پشتی: از پشت موضوعی که از آن در حال فیلمبرداری هستیم می‌تابد، این تابش می‌تواند از زوایای مختلفی باشد. این نور اگر همراه دیگر نورها نباشد حالت ضد نور دارد و میتواند کاراکتر را در یک ابهام فرو ببرد.

نور پائین: از پائین به شیء یا شخص می‌تابد. چهره را تحریف میکند و اغلب برای انتقال حس وحشت و یا جلوه‌های وحشت به کار می‌رود، اما ممکن است صفا صرفا یک منبع حقیقی نور مانند شعله‌های یک اجاق گاز باشد.

---

[۱] contrast

نور بالا: تقریبا درست از بالا می‌تابد. و در جایی می‌تواند حس الهی بودن را القا کند.

کارگردانان و فیلمبرداران اغلب این پیش فرض را دارند که هر جسم به دو منبع نوری احتیاج دارد، یک نور اصلی و یک نور تلطیف کننده.

نور اصلی در فیلمبرداری منبع اصلی نور است که روشنایی عمده و قوی ترین سایه‌ها را در تصویر ایجاد میکند. اغلب چراغ مطالعه یا لوسترهایی که در میزانسن صحن دیده می‌شوند، منبع نور نیستند. (بوردل، تامسون، ۱۹۴۷: ص۱۶۲ تا ۱۶۴)

با وجود این توصیفات می‌توان دریافت نور نیز به عنوان عنصری از مجموعه عناصر تشکیل دهنده میزانسن می‌تواند حاوی مفهوم و محتوایی خاص در قاب تصویر باشد.

حالات و حرکات و فیگور

شاید تعجب آور باشد، اما کارگردان با استفاده از میزانسن حتی می‌تواند رفتار فیگورها[۱] را نیز در اختیار خود بگیرد. "فیگور" در اینجا ممکن است شخص و یا در عین حال حیوان، ربات، یک شیء و یا حتی یک شکل باشد. میزانسن می‌تواند به این فیگورها توانایی اندیشه و احساس دهد و یا به آنها تحرک دهد.

اصولا آشناترین موارد از حالات و حرکات در فیگورها برای بازی بازیگران است متشکل از عناصر بصری (سر و وضع ظاهری، ژست ها، حالات چهره) و صدا (صدای بازیگر و جلوه‌ها صوتی) است. بازی میتواند بر اساس میزانسن یک فیلم رئالیستی یا غیر رئالیستی باشد (مانند میزانسن در مشخصات، حرکات و رفتارهای یک جادوگر) بر این اساس بازیگران برحسب تیپ خود انتخاب و کارگردانی می‌شوند تا با تیپ مورد نظر در فیلم سازگار شوند. با این حال، اغلب

---

۱ Figure

بازیگران ماهر، بخاطر حرفه‌ای بودن می‌توانند به این قراردادها تازگی و سرزندگی ببخشند.

جالب است بدانیم که از نظر دیووید بوردل[1] نویسنده کتاب جامع "هنر سینما" همیشه بازیگر یک عنصر گرافیکی در فیلم است. این جمله میتواند وجه تشابه قوی‌ای بین هنر گرافیک و سینما به شمار رود، بوردل این جمله خود را با مثالی واضح عینیت میبخشد: در صحنه‌ای از فیلم مطب دکتر کالیگاری بازی رقص مانند بازیگر باعث می‌شود که با عناصر گرافیکی که در صحنه می‌بینیم ادغام شود. با دیدن بدنش تنه‌ی کج شده‌ی یک درخت و با دیدن بازوان و دستهایش شاخه‌ها برگ‌های آن در ذهن تداعی می‌شود. شخصیت فیلم در اینجا به وضوح یک عنصر گرافیکی در فیلم محسوب می‌شود (تصویر ۲-۸).

تصویر ۲-۸ شخصیت به عنوان یک عنصر گرافیکی در قاب تصویر

(بوردل: ص ۱۷۳)

بازیگری هم مانند عناصر دیگری که پیکره یک فیلم را می‌سازند، از امکانات بسیار وسیع و نامحدود اما مشخصی برخوردار است. بازیگری چیزی جدا از بافت کلی فیلم نیست و بر اساس یک معیار جداگانه از پیکره فیلم سنجیده نمیشود. لازم به ذکر است که تدوین و تکنیک‌های دوربین نقش مهمی در شکل دادن و کنترل بازی بازیگر ایفا می‌کنند.

[1] David Bordwell

ترکیب بندی فضای صحنه

از لحاظ ترکیب بندی که یکی از عنوان‌های مهم در هنرهای تجسمی محسوب می‌شود، در سینما میزانسن، ترکیب بندی فضای درون قاب را درست می‌کند. این ترکیب دو بعدی متشکل است از سازمان یابیِ اشکال، بافت‌ها و الگوهای نور و تاریکی. همچنین، از آنجا که تصویر روی پرده تخت است، میزانسن باید به ما کمک کند تا سه بعدی بودن تصویر را بر روی پرده ساده سینما باور کنیم. فیلمساز همچنین از میزانسن برای جلب توجه ما به قسمت‌های مختلف پرده، در جهت انتقال حس از فضائی که بازنمایی شده است و همینطور تاکید روی قسمت‌های خاصی که مدنظر دارد استفاده می‌کند. در این راستا حرکت، تفاوت‌های رنگ ها، تعادل اجزای مجزا و تنوع در اندازه‌ها به کمک فیلمساز می‌آیند. حساسیت ما به عنوان مخاطب به تغییر در این اجزاء به فیلمساز اجازه می‌دهد که نگاه ما را در فضای دو بعدی قاب به سمت و سویی که میخواهد هدایت کند.

فیلمساز مانند یک نقاش می‌تواند با استفاده از اصول کنتراست رنگها برای شکل دادن به حس ما از فضای حاکم در درون قاب که مدنظر اوست، استفاده کند.

قابل ذکر است تعادل که عامل مهمی در هنرهای تجسمی به شمار میرود نیز در سینما نقش مهمی از نظر ترکیب بندی به وسیله میزانسن دارد. از آنجا که نمای فیلم درون یک مستطیل افقی جای میگیرد، کارگردان معمولا مواظب است که نیمه‌های چپ و راست با هم در تعادل قرار داشته باشند. البته مانند هنرهای تجسمی در سینما هم ترکیب بندی میتواند بدون استفاده از تقارن یا تعادل در میزاسن معنای خاص خود را داشته باشد. در تایید این مطلب، مثالی عنوان می‌شود که در آن، در قاب خلق شده به وسیله هنرمند تعادل عمدتا بخاطر انتقال معنایی خاص رعایت نشده است: در فیلم فریاد[۱] اثر میکل آنجلو

---

[۱] The Cry

آنتونیونی[1] ترکیب بندی به جای تعادل در قابی که یک زن و شوهر در آن قرار دارند با ایجاد سنگینی که درخت در سمت راست کادر ایجاد کرده است تاکید بصری بیننده را بر روی شوهر بیشتر می‌کند. اگر درختی در قاب نبود، نما قطعا متعادل تر بود و شاید قدری در سمت راست سنگین می‌شد اما تنه عمودی درخت آن طرف را حتی سنگین تر هم کرده است. (تصویر۲-۹)

تصویر ۲-۹ استفاده از میزانسن در ترکیب بندی فضای صحنه

(بوردل: ص ۱۷۹)

میزانسن همچنین، صرفا برای جلب توجه ما به عناصر پیش زمینه و یا جلب توجه ما به یک نقطه در زمینه نیست، بلکه می‌تواند رابطه‌ای پویایی بین پس زمینه و عناصر پیش زمینه ایجاد کند.

قابل ذکر است که میزانسن میتواند عامل عناصر بصری سطح و حجم باشد، مفهوم ریتم را ایجاد کند و حتی ریشه زمان را در پیکره فیلم کنترل کند که توضیح جزیات این موارد از چهارچوب این تحقیق خارج است.

در بدنه کلی میزانسن، صحنه آرائی، نورپردازی، لباس و رفتار فیگورها هم با هم در کنش و واکنش متقابل هستند تا الگوهای رنگ و عمق. خط و شکل، روشنائی و تاریکی و حرکت‌ها ایجاد شوند. این الگوها دست در دست هم،به روایت فضای داستان کمک میکنند و بر اطلاعات داستانی مهم تاکید می‌کنند. کارگردان به واسطه استفاده از یک میزانسن حساب شده نه تنها ادراک ما را

---

[1] Michelangelo Antonioni

در فیلم از لحظه‌ای به لحظه دیگر پیش می‌برد بلکه به وسیله میزانسن است که فرم سراسری فیلم ساخته می‌شود.

تا اینجا اطلاعات مورد نیاز درمورد میزانسن و کاربرد آن در قاب تصویر عنوان شد. با توجه به این حد دانش از میزانسن در سینما، کسی که قصد مطالعه میزانسن را در هر دوره یا فیلمی در سینمای ایران و یا جهان دارد باید به آن به صورت سیستماتیک نگاه کند. پیش از هرچیز ببیند چطور صحنه آرایی، لباس، نورپردازی، فضا و رفتار فیگورها در یک فیلم خاص نمود می‌یابند. به عنوان یک شروع، فقط یک عنصر را در طول فیلم پیگیری کند و در عین حال باید به الگوبندی عناصر میزانسن دقت کند تا بفهمد این عناصر چطور کار می‌کنند و چطور موتیف[1]هایی را می‌سازند که در سراسر فیلم گسترش می‌یابند. (بوردل، تامسون، ۱۹۴۷: ۱۷۰)

[1] موتیف :عبارت است از عنصر یا عناصری از فیلم که به صورت معناداری تکرار می شود

فصل سوم
اهمیت و کاربرد خط در میزانسن

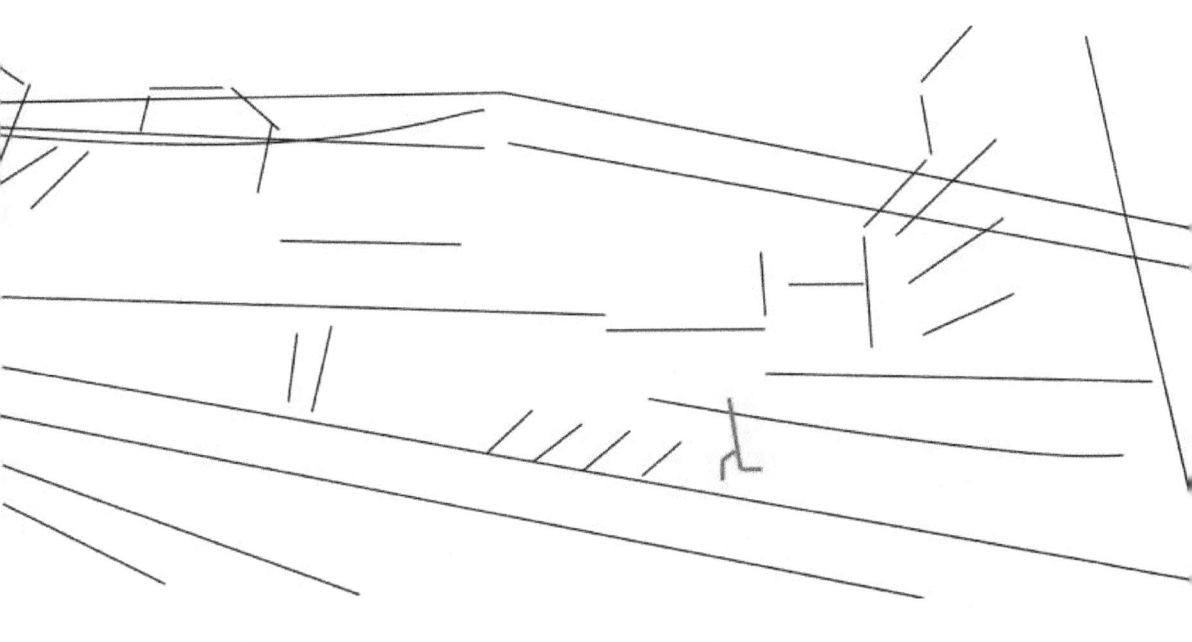

فصل ۳- اهمیت و کاربرد خط در میزانسن

با توجه به اطلاعات جمع آوری شده از ویژگی‌ها و کاربردهای خط و همچنین مشخص شدن ماهیت و کاربرد میزانسن میتوان به این فرضیه دست یافت که استفاده از چینش میزانسن بر اساس هر نوع از خط در نگاه آنالیزی می‌تواند معنی و مفهوم متفاوتی را از لحاظ بصری به مخاطب منتقل کند. بنابر این در راستای هدف معناگرایی و انتقال مفهوم در پیکره فیلم میتوان این چنین تلقی کرد که بجز فضا و گره‌ها و اتفاقات داستانی که نویسنده و کارگردان به وسیله آنها سعی در انتقال مفهوم و معنای مورد نظر خود دارند، به طور کلی پیکره فیلم نیز با استفاده از مدل و شیوه چینش میزانسن بر اساس خط میتواند مفهوم و معنایی را منتقل کند، همانند تصاویر نقاشی شده و یا عکاسی شده‌ای که بر اساس آنالیز خطی، ترکیب بندی و دقت در چینش و قاب بندی بر اساس خطوط تصویر ماهیت معنایی و القای هدف مشخصی را دنبال می‌کنند. با این تفاوت که در فیلم این تصاویر به صورت توهمی از حرکت به ذهن ما می‌رسد که این ویژگی منحصر به فرد صنعت سینما به شمار می‌آید. همچنین به کار گیری فضا و ترکیب بندی‌ای که خط ایجاد میکند، بی‌شک میتواند باعث ارتباط طولی فریم‌ها و قاب بندی‌ها در فرم تصاویر و یا به عبارتی پلان‌های متوالی یک فیلم باشد. به زبان دیگر، میتوان از ترکیب بندی خطی در طراحی میزانسن صحنه‌ها برای تدوین و انتقال صحنه‌ای به صحنه‌ای دیگر در جهت زیبایی‌شناسی و همچنین در جهت تداوم معنایی پلان‌ها استفاده کرد. نمونه‌های مورد ذکر را در بخش‌های بعد به صورت عینی و با ذکر مثال از پلان‌های منتخب فیلم‌های مورد مطالعه بررسی خواهیم کرد.

جامعه‌شناسی هنر[1]

خط و میزانسن که در بخش‌های گذشته به تعریف آنها پرداختیم میتوانند در هنر سینما در فضای معنایی نشانه‌های جامع شناختی جوامعی باشند که به عنوان یک هنر از آنها متبلور شده‌اند.

تعریف جامع‌شناسی هنر تعریفی مصداقی است که در آن هر آنچه در جامعه و از دیدگاه مخاطب عام و مخاطب خاص، به عنوان هنر شناخته شده است، هنر محسوب میشود. جانت ولف[2] در کتاب ؛تولید اجتماعی هنر؛ که یکی از سه کتاب او در حوزه جامعه‌شناسی هنر است می‌گوید مقصود من از کلمه هنر مفهوم عامی است که شامل نقاشی، ادبیات، موسیقی، تئاتر و همه محصولات فرهنگی مانند آنهاست. جامعه‌شناسی به جسم هنر میپردازد و اساس آن در تعریف هنر بیان و دریافت است. (ولف، ۱۳۶۷:ص۷ و ۸)

هدف جامعه‌شناسی هنر، دادن تصویر مناسبی از رابطه میان هنر و جامعه است. در این رابطه عوامل اجتماعی که بر هنر و هنرمندان و همچنین تغییرات هنر در طول زمان تاثیر گذاشته و آنها را تعیین می‌کنند، بررسی می‌شود.

از طرف دیگر، به آثار هنری نیز به عنوان محصولات فرهنگی که در کار تاثیر گذاری بر جامعه و تعیین تحولات آتی آن هستند توجه می‌شود. هدف جامعه‌شناسی به طور کلی به دست آوردن شناخت بهتری از جامعه و قواعد و روابط اجتماعی است، هدف مهم دیگر جامعه‌شناسی هنر نیز شناخت جامعه، از راه آثار هنری آن است.

همان طور که عنوان شد، جامع‌شناسی در هنر منحصر به یک رشته هنری نیست، نقاشی، عکاسی و هنرهای تجسمی نیز بخشی از این جامعه‌شناسی را در بر میگیرند. از طرفی سینما به عنوان کامل ترین هنر هنری که در آن هنرهای تجسمی مانند نقاشی و عکاسی و موسیقی متبلور میشوند میتواند عامل مناسبی در تحقیق در زمینه شناخت یک جامعه باشد. سینما جامعه

[1] sociology of art
[2] Wolff، Janet

کوچکی در دل جامعه‌ای بزرگ است و فیلم میتواند پنجره فرهنگی یک جامعه باشد. (ولف، ۱۳۶۷:ص۲۹ و ۶۴)

زبان سینما، زبان تصویر است. زبان تصویر قادر است موثرتر از تقریبا هر وسیله ارتباطی دیگری، دانش را نشر دهد. زبان تصویر به انسان امکان می‌دهد که تجربه کند و تجربیاتش را در شکلی قابل مشاهده مستند سازد. ارتباط بصری ارتباطی جهانی و بین المللی است. هنرهای تجسمی تجلیات عالی زبان بصری هستند و بنابراین ابزارهایی آموزشی اند که قیمتی بر آنها متصور نیست. (Sartre.J.P, ۱۹٤۸, PP. ۲۲۷-۲٤٦)

اندیشمندان و محققان در زمینه علوم اجتماعی از زوایای مختلفی به رابطه میان سینما و جامعه پرداخته‌اند. این دیدگاه در برخی موارد جنبه کلان و در برخی دیگر جنبه خرد داشته است. به طور کلی دو تئوری عمده درباره رابطه هنر و جامعه عبارتند از:

الف) رویکرد شکل دهی

ب) رویکرد بازتاب

رویکرد شکل دهی مبتنی بر این باور است که هنرها در مرتبه‌ای بالاتر از جامعه قرار دارند و هنرمند با به کارگیری ارزش‌ها و ایدئولوژی‌های جدید در هنر خود, میتواند یک مدل تفکری را در جامعه طرح و نهادینه کند. بنابر این عقیده، بسیاری از تغییرات رفتاری و ارزشی در جوامع مختلف تحت تاثیر آثار هنری رخ میدهد.

از طرفی، تئوری بازتاب مبنی بر این تفکر است که آثار هنری مانند آیینه‌ای جامعه‌ی معاصر خود را بازتاب می‌دهند. البته همان طور که آیینه تنها می‌تواند بخشی از واقعیت گزینش شده‌ی مورد نظر را در قاب و چهارچوب خویش بازتاب کند، آثار هنری نیز میتوانند تنها بخشی از جامعه را به نمایش بگذارند. و البته همان طور که آیینه‌ها تخت نیستند که شی بیرونی را دقیقا به همان شکل به نمایش گذارند یا از آن انحرافی حاصل نمایند، آثار هنری نیز به تناسب فاکتورهای زیادی مانند توانایی‌ها و معیارها و ارزش‌های هنرمندی که آن را خلق میکند ممکن است به میزان‌های متفاوتی واقعیت را نمایش دهند و یا

حتی از آن انحراف پیدا کنند. بر اساس این تئوری، هنرها واقعیت را به رمز برمی‌گردانند و آنچه را در جامعه وجود دارد به شکلی نمادین و رمز آلود به نمایش می‌گذارند.

بنابر این شکل، هنر بر اساس قواعد زیبایی شناختی و محتوای آن برآمده از جامعه است و این محتوا به طور کلی ارزش‌ها و اعتقادات و ایدئولوژی را شامل می‌شود. به زبان دیگر، موجودیت اثر هنری با ویژگی‌های یک دوره تاریخی، یک گروه اجتماعی و... ارتباط دارد.

خانم اعظم راودرار در مقاله‌ای درباره «تغییرات نقش زن در جامعه و تلویزیون»، نشان داده است که هنرها قادرند هر دو نقش گفته شده را ایفا کنند. (راودراد، ۱۳۸۰).

یعنی از طرفی هم تحت تاثیر ساختارهای اجتماعی زمینه‌ای خود هستند و هم از طرف دیگر از آن ساختارها فراتر رفته و تغییراتی را پیشنهاد می‌کنند که در دراز مدت می‌تواند موثر باشد. بنابر این مطلب، می‌توان گفت هنرها بر اساس سازوکار استفاده از قواعد زیبایی شناختی می‌توانند بر جامعه تاثیرگذارند.

شیوه ارتباط هنر با انسان یک شیوه غیر مستقیم است و تکیه اش بیش از این که بر عقل و منطق باشد، بر بیان و دریافت احساس است. در حقیقت دریافت هنری نوعی دریافت بی‌واسطه است که بدون گذشتن از صافی استدلال و استنباط عقلانی، به طور مستقیم بر احساس مخاطب اثر می‌کند. اگرچه وقتی مخاطب یک اثر هنری مخاطبی خاص است که درباره حس به وجود آمده و علت آن فکر می‌کند و برای گرفتن پاسخ سوالاتش اثر را مورد تحلیل و بررسی قرار می‌دهد، اما مخاطب عام معمولا صرفا احساس به وجود آمده را تجربه کرده و از آن می‌گذرد. همین شیوه تجربه بی‌واسطه‌ی اثر هنری است که به آن توانایی اثرگذاری خاص خود اثر را می‌دهد.

در همین راستا در شیوه تئوری بازتاب، اثر هنری واقعیت جامعه معاصر خود را بازتاب می‌دهد اما این بازتاب ساده و در برخی موارد شفاف نیست، بلکه در لفاف قراردادها و رمزهای زیبایی شناختی انجام می‌گیرد که خود موجب تغییر شکل در آن‌ها در راستای رسیدن به زبان هنر می‌شود. از سوی دیگر، مخاطب

نیز برای دریافت اثر ناچار است آن را رمز گشایی کند و بسته به میزان آگاهی اجتماعی و توانایی‌های زیبایی شناختی که دارد این رمز گشایی‌ها به میزان‌ها و اشکال متفاوتی از درک واقعیت توسط مخاطب دریافت می‌شود. (ولف، ۱۳۶۷، ص۵۵).

در این میان افراد زیادی نظریه‌های مختلفی در زمینه با رویکرد شکل دهی و بارتاب بیان کرده‌اند. به طور مثال می‌توان گفت نظریه آرنولد هاوز[۱] در مورد رابطه سینما و جامعه هم از نوع بارتابی و هم از شکل دهی است. بدین معنا که از طرفی او، با بیان این که شرایط اجتماعی خاص مورد نیاز است تا فیلم به عنوان رسانه و هنر جدیدی در آن شکوفا شود، رویکردی بازتابی اتخاذ می کند و از طرف دیگر با بیان ابعاد ایدئولوژیک فیلم و اثرات آن در تفسیر واقعیت، به نوعی رویکرد شکل دهی را پیش فرض گرفته است.

یا از طرف دیگر پیر سورلن[۲] در کتاب سینمای کشورهای اروپایی تلاش می کند نشان دهد چگونه با مطالعه‌ی سینما می توان به خصوصیات و ویژگی های جامعه در دوره های معین پی برد. وی برای توجیه این رویکرد خود از نظریه آینه استفاده کرده و از قول آر. دورگنات[۳] که در کتاب « آینه ای برای انگلستان » این نظریه را توضیح داده است، می گوید: کسانی که فیلم می سازند در همان مملکتی زندگی می کنند که بیشتر تماشاگران آتی اثر آنها زندگی می کنند و مشکلات و چشم اندازهای آنها برای آینده تا حدودی مشترک است؛ این فیلم سازان جز اینکه در فیلم هایشان به حد افراط به فانتزی روی آورده باشند، چیزی از دل مشغولی های [واقعی] خود را- گیریم که تنها برای جلب تماشاگران- می گنجانند. فیلم واقعیت نیست، اما در عین حال نمی تواند خود را به طور کامل از شر شرایط حقیقی رها کند؛ مثل آینه که آنچه را پیش رو دارد، با اینکه ممکن است تحریف کند، محدود سازد و در چهارچوبی قرار دهد، سرانجام در خود منعکس می کند، فیلم نیز جنبه هایی از جامعه ای را که در

---

۱ Arnold Hauser
۲ Pierre Sorlin
۳ R. Dvrgnat

آن ساخته شده است، نمایش می دهد (دورگنات، به نقل از سورلن، ۱۳۷۹: ۲۶)، (سورلن، ۱۹۳۳)

به عبارت دیگر اگر در رویکردی تحلیلی، بخش های فانتزی و خیال پردازانه ی فیلم را از آن جدا کنیم، آنچه می ماند نشانی است از ویژگی های واقعی جامعه. حال بسته به میزان غلبه ی فانتزی در فیلم، این ویژگی های واقعی کمتر یا بیشترند. به عقیده ی سورلن این نوع تعبیر از فیلم به طور کامل پذیرفتنی است. وی توضیح می دهد که آثار مکتوب زیادی وجود دارند که در آنها بر همین ویژگی یعنی همخوانی و هماهنگی بعضی از فیلم‌ها با زمینه های تاریخی آنها تأکید شده است. همچنین وی توضیح می دهد که « شدت و تأثیر مشکلات محلی و منطقه ای، و شرایط ویژه را می توان به آسانی در فیلم‌ها نمایان ساخت؛ آثار ارزشمندی به وجود آمده است در مورد اینکه چطور می شود تاریخ جوامع را از راه تماشای فیلم هایی شناخت که آن جامعه تولید کرده است » (دورگنات، به نقل از سورلن، ۱۳۷۹، ص ۱۲).

بنابراین از نظر سورلن، سینما شرایط اجتماعی معاصر خود را بازتاب می کند، اگرچه برای فهم چگونگی این بازتاب، باید پیچیدگی های آن را به طور کامل در نظر داشت.

نظریه ی آینه در سینما نسخه ی مشابهی از نظریه ی بازتاب در هنر به طور کلی است. در اینجا نیز عقیده بر این است که اگرچه جامعه در آینه ی سینما بازتاب می شود، این بازتاب، ساده و عین واقعیت نیست، بلکه از واقعیت متأثر خواهد بود. فهم نسبت بین این بازتاب و خود واقعیت زمانی امکان پذیر می شود که تحقیقات تکمیلی درباره ی شناخت واقعیت از راه هایی غیر از مطالعه ی فیلم به درک میزانی از نزدیکی یا دوری فیلم از واقعیت کمک کند. طبق رویکرد بازتاب، بازتاب جامعه در هنر از یک بازتاب ساده تا تفسیر واقعیت در قالب هنر را دربر می گیرد. بنابراین وقتی از بازتاب جامعه در سینما سخن به میان می آید، نباید بلافاصله یک بازتاب ساده و سرراست متصور شود. این بازتاب شاید بسیار پیچیده باشد و محقق موظف به درک و تبیین این پیچیدگی‌ها هم هست. (راودراد، ۱۳۹۱، ص۳۴)

ایران و کره در مسیر توسعه

روند توسعه در دو کشور ایران و کره تقریبا همزمان با یکدیگر بوده است، در شرایطی که توسعه کره چند گام نیز از ایران عقب تر بوده است، به طوری که در سال ۱۹۶۵، کره در ابتدای راه توسعه، کارشناسانی را از ایران برای برنامه ریزی استخدام کرده است، کشوری که نصف درآمد سرانه ما را داشت امروز به پنج برابر درآمد سرانه ما ن رسیده است (فرهانی، روزنامه اعتماد). همچنین در زمینه سینما، پس از جنگ‌های داخلی و خارجی و فراز و نشیب‌های پی در پی، سینمای کره از ۱۹۸۰ اولین گام را در جهت تحول برداشته است در شرایطی که سینمای ایران ۱۱ سال قبل یعنی در سال ۱۹۶۹ تجربه سینمایی با فیلم‌های درخشانی مانند گاو اثر ماندگار داریوش مهرجویی را به خود دیده بود.

دلیل انتخاب مقایسه‌ای سینمای ایران و کره جنوبی

دلیل انتخاب کشور کره جنوبی، همان طور که اشاره شد، هم زمانی آغاز حرکت دو کشور به سوی توسعه و همچنین فراز و نشیب‌های اجتماعی اعم از جنگ، سانسور و تغییر سیاست‌های فرهنگی و سینمایی است که تاریخ هر دو کشور شاهد آن بوده‌اند. شاید بتوان گفت، نوعی کنجکاوی در کشف دلایل اجتماعی موقعیت کنونی کشور کره جنوبی از لحاظ پیشرفت صنعتی و فرهنگی من را بر آن داشت تا از طریق مبحث جامع‌شناسی هنر کنکاشی در این زمینه داشته باشم. اینجانب سعی داشتم تا از میان کارگردانان دوره‌های مختلف سینمای ایران و کره دو کارگردان کلاسیک و دو کارگردان بیرون آمده از سینمای نوین دو کشور که فیلمسازی آنها از لحاظ زمانی و معنایی شباهت‌هایی با یکدیگر داشته اند را انتخاب کنم تا بتوانم با توجه به شباهت‌های هرچند اندک در شیوه نگاه به موضوعات پنجره‌های نظری شبیه به هم را بررسی و آنالیز کنم.

بنابراین نگاه، از آنجا که ناصرتقوایی به عنوان کارگردانی با نگاه خاص تاریخی و استاد چینش میزانسن در میان کارگردانان اصیل ایرانی مطرح است، نگارنده نزدیکترین دیدگاه را در بین کارگردانان قدیمی کره‌ای به ناصرتقوایی، ایم کنتک یافته است. ایم کنتک همانطور که در شرح مختصری از زندگی نامه و فعالیت او عنوان خواهد شد، همواره در جهت مطرح کردن و ارزش گذاری مراسم ها، آیین‌ها و فرهنگ اصیل کره در روند فیلمسازی اش از گذشته تا به امروز تلاش کرده است. همانطور که فیلم‌های ناصر تقوایی شدیدا رنگ و بوی بومی و ایرانی دارند.

از سوی دیگر اصغر فرهادی به عنوان مطرح ترین کارگردان سینمای امروز ایران در دنیا و پنجره شرایط حقیقی اجتماعی در ایران میتواند با پارک چان ووک که او نیز با فیلم Old Boy یکی از سرشناس ترین سینماگران سینمای امروز کره مطرح شده است و همچنین موضوع فیلم هایش مانند فرهادی موضوعات اخلاقی و انسانی هستند مورد بررسی قرار گیرد.

فصل چهارم
تاریخچه سینما و سینماگران ایران و کره جنوبی

فصل ٤- تاریخچه سینما و سینماگران ایران و کره جنوبی

سینمای ایران

تولد سینمای ایران، با توجه به ورود دوربین فیلمبرداری به کشور توسط "میرزا ابراهیم خان عکاسباشی" به سال ۱۲۷۹ هجری شمسی (۱۹۰۰ میلادی) باز میگردد. سینما در ایران پنج سال پس از پیدایش سینما در جهان در عصر قاجار شکل گرفت.

نخستین تصاویر متحرک در ایران به دستور مظفرالدین شاه از شیرهای باغ وحش فرح آباد ضبط شده است. تصاویر بعدی نیز که توسط دوربین گومونی[۱] ساخت فرانسه گرفته شده، بیشتر جنبه شخصی دارند و هدف مشخصی را القا نمیکردند. گویی فیلمبرداری در سالهای اولیه منحصر به دربار شاه ایران بوده است. شش سال بعد، نخستین سالن نمایش فیلم در قهوه خانه زرگر آباد (چراغ گاز) با نمایش فیلمی از جنگ روس و ژاپن افتتاح شد.

گراند هتل میزبان اولین سالن سینما به سبک امروزی در سال ۱۳۰۳ به دست علی وکیلی بود.

بیست و نه سال پس از ورود سینما به ایران "آوانس اوهانیان" که در مسکو به تحصیل سینما پرداخته بود، با کمک "خان بابا معتضدی" اولین فیلم بلند ایرانی را با نام "آبی و رابی" را ۱۲ دی ماه در سینما مایاک تهران به روی پرده بردند. فیلم دوم که نیمه کاره به روی پرده رفت در سال ۱۳۱۰ با عنوان "انتقام برادر" توسط ابراهیم مرادی کلید خورد اما ناتمام ماند و به همان شکل در رشت و انزلی به نمایش در آمد.

جالب است بدانیم در لاله زار تهران به تشویق صاحبان سینما سینمایی مخصوص زنان (سینمای تابستانی صنعتی در لاله زار) افتتاح شد.

پس از به وجود آمدن سینمای ناطق (۱۳۰۶-۱۹۲۷) هنرمندان ایرانی تصمیم به تولید فیلم ناطق در داخل ایران گرفتند. در حالی که دومین فیلم

---

[۱] gomoney

داستانی ایرانی با نام "حاجی آقا آکتور سینما" ساخته آوانس اوگانیاس به نمایش درآمده بود، اولین فیلم ناطق سینمای ایران کلید خورد. تولید فیلم "دختر لر" که به واسطه وجود صنعت سینمای انگلستان که در آن زمان در کشور هند وجود داشت در همان جا فیلمبرداری و صداگذاری اولیه شد، ۷ ماه به طول انجامید و در ۱۳۱۲ در سینما مایاک به روی پرده رفت.

پس از دهه ۳۰ و آثاری مانند امیر ارسلان نامدار (شاپور یاسمی)، شب نشینی در جهنم (ساموئل خاچیکیان) و ... ، در دهه ۴۰ سینمای موسوم به فیلمفارسی[1] که ریشه در تم و فرم فیلم‌های دهه ۳۰ بود به اوج خود رسید، تا آنجا که سالانه ۲۵ تا ۷۰ فیلم تولید می‌شد که همه آثار سرگرم کننده و شامل داستان‌های عامیانه به همراه عناصری مانند رقص و آواز، تعقیب و گریز و زد و خورد بودند. از مشهور ترین این آثار می‌توان به سلطان قلب ها (محمد علی فردین)، گنج قارون (سیامک یاسمنی) و کوچه مردها (سعید مطلبی) اشاره کرد.

با این حال دهه ۴۰ آغازگر دوران نویی در سینمای ایران بود، ظهور کارگردانانی چون ابراهیم گلستان، داود ملاپور و فرخ غفاری (۱۴۴۳) که نگاه نو و متفاوتی به سینما داشتند مسیر جدیدی را بر روی سینمای ایران گشود. نقطه عطف این موج نو در سینمای ایران را می‌توان سال ۱۳۴۸ و با روی پرده رفتن دو فیلم گاو (داریوش مهرجویی) و قیصر (مسعود کیمیایی) دانست که بعدها به عنوان مبدا بسیاری از تغییرات ساختاری در سینمای ایران بدل شدند.

"گاو " فیلمی ساختارگرا و متفاوت از فیلم‌های سرگرم کننده بود و قیصر فیلمی با رویکرد اجتماعی بود که تصویر جدیدی از یک قهرمان را به روی پرده نقره‌ای سینما آورد.

---

[1] فیلم فارسی: این اصطلاح به معنای محصولی سینمایی است که مولفه هایی همچون داستان پردازی عجولانه، قهرمان سازی، رقص و آواز کاباره ای بدون ارتباط به داستا، نبود روابط علت و معلولی، عشق عای غیرواقعی، حادثه پردازی و .. است.

در سالهای بعد کارگردانان زبر دستی با ادامه این مسیر سینمای ایران را به سمت پیشترفت ساختاری و معنایی بردند، کارگردانانی چون: ناصر تقوایی، علی حاتمی، امیر نادری، سهراب شهید ثالث، عباس کیارستمی، بهرام بیضایی و ...

با این وجود در سالهای پیش از انقلاب اسلامی حدود ۱۱۰۰ فیلم ساخته شد که به سختی میتوان ۱۰۰ فیلم قابل تامل در میان آنها پیدا کرد.

انقلاب ۵۷ تغییرات اساسی را در ساختار سینمای ایران به وجود آورد، بسیاری از سینماها به عنوان مظاهر فساد به آتش کشیده شدند. اما جمله "ما با سینما مخالف نیستیم، با فحشا مخالفیم" رهبر انقلاب آیت الله خمینی در بدو ورود به وطن، توانست کور سوی امیدی در سینمای خاکستر شده ایران به وجود آورد.

نخستین فیلم ساخته شده پس از انقلاب اسلامی با نام "فریاد مجاهد" مرداد ۵۸ به روی پرده رفت. در سالهای آتی پس از انقلاب، معدودی از آثار قدیمی با جرح و تعدیل به روی پرده رفتند و معدود فیلم‌های تولید شده در این سالها به مضامین انقلابی، مذهبی و سیاسی پرداخته بودند. دهه شصت دهه پوست اندازی سینمای ایران بود، در این مقطع تعدادی از فیلم‌های ایرانی به جشنواره‌های خاجی راه یافته و جوایزی دریافت کردند. در این دوره نسل جدیدی از کارگردانان به سینمای ایران افزوده شدند مانند: خسرو سینایی، کمال تبریزی، کیانوش عیاری، علیرضا رئیسیان، ابراهیم حاتمی کیا، رسول صدر عاملی، پوران درخشنده، رخشان بنی اعتماد، رسول ملاقلی پور، تهمینه میلانی و...

دهه هفتاد سینمای ایران پذیرای اندیشه و انرژی کارگردانان جدیدی بود: علی شاه حاتمی، محمدحسین لطیفی، کامبوزیا پرتویی، مجید مجیدی، بهمن قبادی، جعفر پناهی، پرویز شهبازی، بهروز افخمی، محمدرضا هنرمند و...

و اما دهه هشتاد کارگردانان نسل سوم همچون اصغرفرهادی، سید رضا میرکریمی و ...، تجربه و دانش را در جهت ارتقای سینمای ایران به کار بستند.

امروزه به دلیل تغییر زیرساخت‌های سینمایی و حرکت سینما به سمت دنیای دیجیتال شاهد ظهور هنرمندان جوان بسیاری در این حوزه هستیم.

سینمای ایران در سه دهه اخیر ۲۵۹۹ جایزه بین المللی کسب کرده است. (غفاری، مصری، ۱۳۸۹)، (گاه شمار سینمای ایران، ۱۳۹۵) (جاودانی، ۱۳۸۰)، (امید، ۱۳۸۳، جلد اول)، (امید، ۱۳۸۳، جلد دوم).

سینمای کره جنوبی

صنعت فیلمسازی و سینما در کره جنوبی به دلیل درگیری ها، اشغال و دیکتاتوری حاکم دستخوش فراز و نشیب‌های فراوانی در طول تاریخ خود بوده است. اشغال ۳۵ ساله کره توسط چین و جنگ داخلی کره که در نهایت منجر به جدایی کره شمالی و جنوبی شد، تاثیر زیادی بر روند رشد سینما داشت. پس از این دوره اختلالات فرهنگی، بازیافتن سینمایی صرفا با هویت و فرهنگ کره‌ای کاری بس دشوار به نظر می‌رسید.

پیش از تجزیه و جنگ‌های داخلی، اولین سالن سینمای کره با نام "استدیوی فیلم سازی تونگ داده مون" در سال ۱۹۰۳ میلادی افتتاح شد. قابل ذکر است که پیش از پیدایش صنعت داخلی سینما در کره، فیلم‌های اروپایی و امریکایی در سالن‌های سینمای این کشور به روی پرده می‌رفتند.

حتی با وجود فشار سخت در زمان جنگ، و اشغال نظامی کشور توسط ژاپن سینمای کره در تلاش بود تا به گونه‌ای خود را به صورت مستقل نشان دهد.

برخی اولین فیلم کره‌ای را در سال ۱۹۱۹ با نام انتقام عادلانه[۱] عنوان می‌کنند. برخی منابع ایرانی اولین فیلم را متعلق به پارک سون پیل[۲] مالک سالن سینمای "دانگ سون سا" با نام "صحنه‌هایی از شهر کیانگ سانگ" به عنوان اولین تهیه کننده فیلم در کره در سال ۱۹۲۱ میدانند، همچنین برخی فیلم "عشق نافرجام زیر نور ماه" ساخته یون باک نام[۳] که در آوریل ۱۹۳۳ میلادی به نمایش درآمد را نخستین فیلم کره‌ای میشمارند.

---

۱ The Righteous Revenge(Uirijeok Gutu)

۲ Park Sung-pil

۳ Yun Baek-nam

اولین فیلم صامت سیمای کره "عشق نامزدی زیرنور ماه"[1] به کارگردانی یان بک نم[2] است و اولین فیلم ناطق "Chunhyang-jeon" به کارگردانی "Lee Myung-Woo" در سال ۱۹۳۵ ساخته شد.

در ۱۹۳۷ سانسورها به دلیل حمله ژاپن به کره افزایش یافت، بسیاری از سینماگران پیشرو، کره را به مقصد مناطق آزادتری مانند شانگهای[3] ترک کردند. در ۱۹۴۵ ژاپن تسلیم شد و کره استقلال خود را به دست آورد اما به زودی به دلیل اختلافات داخلی به دو بخش کره شمالی و کره جنوبی تقسیم شد.

اولین فیلم رنگی کره "خاطرات زن" به کارگردانی هونگ سونگ گی[4] به سال ۱۹۴۹ باز میگردد، یک سال بعد در ابتدای پاگرفتن صنعت سینما جنگ داخلی کره شروع می‌شود.

نیمه دوم دهه ۱۹۵۰ را میتوان شروع دوران احیای صنعت سینمای کره دانست، در سال ۱۹۵۳ آتش بس اعلام می‌شود و تولیدات داخلی این سینمای آسیب دیده از جنگ‌های داخلی و خارجی، از ۸ فیلم در سال ۱۹۵۴ به ۱۰۸ فیلم در سال ۱۹۵۹ می‌رسد. قابل ذکر است که سینمای کره همچنین تا چند سال آینده از نا آرامی‌های کشور از جمله ترور رییس جمهور[5] و کشتار گوانجو[6] مسون نمی ماند.

با وجود محدودیت‌های زیاد در سیاست گذاری سینما که تا اواخر قرن ادامه داشت، اواخر دهه ۱۹۵۰ و دهه ۱۹۶۰ میلادی، کره شاهد ظهور کارگردانان و سینماگران با استعدادی بوده است، همچنین در این دوره استقبال مردم از سینما نیز کم نظیر شده بود. در نهایت کودتای نظامی سال ۱۹۶۱ منجر به تنظیم و تثبیت قوانینی برای صنعت فیلم شد.

از کارگردانان طلایی در این دوران میتوان به اسامی زیر اشاره کرد:

---

[1] Wolha-ui maengseo
[2] Yun Baek-nam
[3] shanghai
[4] Hong Seong-gi.
[5] President Park Chung Hee is assassinated
[6] Gwangju Uprising

کیم کی یانگ[۱]، یو هونگ موک[۲]، شین سنگ اوک[۳].

دهه ۱۹۷۰ میلادی دهه احیای مجدد سینما بود، در این دوران گروه‌ها و کمپانی‌های مختلفی تشکیل شدند که به سینما جان دادند، اما صنعت سینما همچنان ویژگی‌های تجاری خود را تا میانه دهه ۱۹۹۰ از دست نداد. با این حال در این دوره آثار فاخری که از لحاظ نمایشی در سطح بالایی قرار داشتند نیز تولید شدند، آثاری به کارگردانی: کیم کی یونگ[۴]، لی جانگ هو[۵]، لی من هی[۶] وها کیل جونگ[۷].

سینمای کره در دهه هشتاد شاهد آرامش نسبی در زمینه سانسور بود اما همچنان حرفی برای زدن در مجامع بین المللی نداشت، تا این که در ۱۹۸۷ با کسب جایزه بهترین بازیگر زن توسط سو یون[۸] در جشنواره ونیز برای فیلم "مادر جایگزین"[۹] در دنیا مطرح شد.

در این میان، بسیاری از منتقدان بر این باورند که مهمترین نام در دهه ۱۹۸۰ تا ۱۹۹۶ نام کارگردان پرکار کره "ایم کونتک (Kwon_taek Im) " است.

در دهه۱۹۸۰ صنعت سینمای کره اولین قدم را در جهت تحولی بزرگ برداشت، در این دوران سانسور به تدریج کاهش یافت. از جمله تغییری که در این دوره توانست سینمای کره را به سمت پیشرفت هدایت کند، لغو غیر قانونی بودن تولید فیلم‌های مستقل بود. در نتیجه این تحولات در اواخر ۱۹۸۰ نسل جدید فیلمسازان جوان کره‌ای وارد بدنه سینمای کره شده و دستاوردهای تازه آنها در صنعت سینما بازتاب گسترده‌ای بر سینمای کره داشت.

---

[۱] Kim Ki-young (October 10, 1919[1] – February 5, 1998)
[۲] Yu Hyun-mok (July 2, 1925 – June 28, 2009)
[۳] Shin Sang-ok (October 11, 1926 – April 11, 2006)
[۴] Kim Ki-young
[۵] Lee Jang-ho
[۶] Lee Man-hee
[۷] Ha Kil-jong
[۸] Su-yeon
[۹] Surrogate Mother

اما در این میان، تغییر سیاست‌ها در برخی موارد مانند بالارفتن صنایع وارداتی و انحصار آن به خارجی‌ها و همچنین دادن اجازه به هالیوود در بازکردن دفاتر خود در خاک کره خبرهای خوبی برای فیلمسازان داخلی نبود. تا آن زمان پخش فیلم‌های هالیوود و یا هونگ کونگی در محاصره دقیق و کنترل سرسخت دولت بود و معنی قانون‌های جدید این بود که فیلم‌های کره‌ای باید از آن پس به طور مستقیم با فیلم‌های هالیوودی به رقابت میپرداختند. در طول سال‌های پس از این، فیلم‌های کره‌ای به تدریج سهم بازار را به شدت از دست دادند، به طوری که سینمای کره در سال ۱۹۹۳ تنها ۱۶ درصد از سهم بازار را در اختیار داشت. شاید این شوک رقابتی یکی از دلایلی بود که سرعت سینمای کره را به ناگهان زیاد کرد. در هر حال در این دوران کارگردانانی که در دهه ۸۰ نیز فعالیت میکردند در دهه ۹۰ هم در مطرح کردن سینمای کره و جذب مخاطب تلاش بسیاری کردند، کارگردانانی چون جنگ سان وو[1] و ایم کونتک[2].

پس از این، در اوایل سال ۱۹۹۶ نسل کارگردانان جدیدی به صنعت سینمای کره اضافه شدند. هونگ سنگ سو[3]، کیم کی دوک[4]، لی چان دونگ[5]. همچنین در این میان، نسل جوان تری از کارگردانان کره‌ای به سمت ساخت فیلمهای تجاری رفتند، کارگردانانی مانند چان یون هیون[6] و کنگ جی گیو[7]

اواخر ۱۹۹۹سینمای کره وارد دوره بمب سرعت در جهت پیشرفت و بالارفتن و تحول در سطح سینماهای جهان شد و رونق بسیاری یافت. مخاطبان داخلی با عجله به سمت فیلم‌های تولید داخل رفتند به طوری که در سال ۲۰۰۱ سالانه ۶۰ تا ۷۰ فیلم کره‌ای تولید و به شکل باورنکردنی‌ای در بازار سینما مورد اقبال قرار میگرفت. همچنین از این دوران درخشش فیلم‌های کره‌ای در فستیوال‌های خارجی و فروش خارجی فیلم‌ها به طور نفس گیری

---

۱ Jang Sun-woo
۲ Im Kwon_taek
۳ Hong Sang-soo
۴ Kim Ki-duk
۵ Lee Chang-dong
۶ Chang Yoon-hyun
۷ Kang Je-gyu

افزایش یافت. کره ای‌ها توانستند در این رقابت سخت با دنیا از رکود و رخوت سر بلند بیرون آیند.

با یک جستجوی ساده میتوان تعداد بی‌شمار فیلم‌های تولیدی کره را در دهه ۲۰۰۰ مشاهده کرد. در این دهه سینماگران مطرحی در سینمای کره در حال ساخت فیلم‌هایی هستند که مردم در هر گوشه از دنیا از آنها استقبال میکنند، فیلمسازانی چون:

پارک چان ووک (Park Chan-wook) که یکی از معروف‌ترین سینماگران نسل جدید کره محسوب میشود. بونگ جوون هو[1]، کیم جی وون[2]، نا هونگ جین[3] و...

پس از تمام فراز و نشیب‌هایی مانند اشغال، نفوذ بیگانگان و جنگ داخلی که در قرن‌های گذشته سینمای کره را تحت الشعاع قرار داده بود، امروزه سینمای کره در موقعیت خوبی در میان سینماهای دنیا قرار دارد، امید است این پایداری اجتماعی و سیاسی در قرن‌های پیش رو نیز مایه پیشرفت این صنعت در کشوری که از هر لحاظ به سرعت در حال حرکت به سوی تعالی است باشد.

(Paquet, ۲۰۰۷)، (حسینی، ۱۳۸۹)، (Young-il, ۱۹۸۸)

ایم کونتک (Kwon_taek Im)

یکی از معروف ترین کارگردانان کره‌ای متولد ۱۹۳۶ (۱۳۱۵). وی یکی از پرکار ترین کارگردانان محسوب میشود و جوایز داخلی و خارجی بسیاری را از آن خود کرده است. همچنین فیلم‌های او اغلب در گیشه فروش خوبی داشته‌اند. وی در طول تاریخ پر فراز و نشیب سینمای کره کمک‌های زیادی در مسیر پیشرفت به این سینما انجام داده است. از جمله جلب توجه بین المللی به

---

[1] Bong Joon-ho
[2] Kim Jee-woon
[3] Na Hong-jin

سینمای کره را مرهون او میدانند. تا بهار سال ۲۰۱۵ او ۱۰۲ فیلم را در کارنامه کارگردانی خود دارد.

ایم کونتک، در روستایی در استان جئولانامدو[۱] در کره جنوبی به دنیا آمد، و در شهر گوانگجو[۲] ششمین شهر بزرگ کره جنوبی بزرگ شد، پس از جنگ کره برای پیدا کردن کار و گذران زندگی به بوسان[۳] نقل مکان کرد و در نهایت در سال ۱۹۵۶ به سئول رفت. در سال ۱۹۶۱ جوآن چنگ هو[۴] یکی از کارگردانان کره جنوبی به ایم کونتک پیشنهاد داد تا به عرصه کارگردانی وارد شود.

او اولین فیلمش را با نام "وداع با رودخانه دومن"[۵] در سال ۱۹۶۲ ساخت. تا قبل از سال ۱۹۸۰ ایم کونتک به عنوان یک فیلمساز تجاری شناخته می‌شد، کسی که می‌تواند حتی در یک سال در هشت ژانر[۶] فیلم بسازد. او در سال ۱۹۷۸ با ساخت فیلم Jokbo (Genealogy or The Family Tree) تمایل خود را در جهت ساخت فیلم‌های هنری نشان داد اما نقطه عطف کارهای او فیلم "ماندالا"[۷] تولید سال ۱۹۸۱ بود. از این نقطه به بعد، او به سینما به عنوان یک هنر متعالی نگاه کرد و با این نوع نگاه و ساخت فیلم‌های هنری، در سال‌های بعد جوایز زیادی را در محافل بین المللی از آن خود کرد.

ایم با تکیه و بررسی گذشته سینمای کره و با تمرکز بر هویت فرهنگی کره در دنیای مدرن امروزی به فعالیت می‌پردازد. او اغلب از تم‌های اساطیری و تاریخی کره در فیلم هایش بهره میبرد و پایه فیلم هایش سنت کهن کره است. به طور مثال او در دو فیلم: Sopyonje (۱۹۹۳) و Chuhyang (۲۰۰۰) را بر روی هنر موسیقی سنتی کره "پانسوری"[۸] تمرکز کرده است. حتی فیلم

---

۱ Jeollanam-do
۲ Gwangju
۳ Busan
٤ Jeong Chang-hwa
٥ Farewell to the Duman River
٦ genre
۷ Mandala
۸ Pansori

پانسوری، نوعی موسیقی سنتی کره ای است که به صورت آواز همراه با ساز کوبه ای انجام می شود.

"Sopyonji" در گیشه هم موفقیت خوبی کسب کرد و توانست اولین فیلم بومی‌ای باشد که به تنهایی بیشتر از یک میلیون بیننده را در سئول پای تماشای خود نشانده است.

او همچنین توانست اولین جایزه کارگردانی یک کارگردان کره‌ای را برای فیلم "Chi hwa seon" در سال ۲۰۰۲ به خود اختصاص دهد. ایم کونتک در کنار کارگردانانی چون : پارک گونگ سو[1] و جنگ سان وو[2] به عنوان شخصیت‌های مهم تاریخ سینمای کره و بنیانگذار جنبش سینمای جدید کره که سینمای کره را به دنیا معرفی کرده است شناخته می‌شود. ((Kim,۲۰۱۰ (Dancy, 2007) (Yang, 2007)

برای کسب اطلاعات بیشتر از آثار به جدول فیلم‌ها مراجعه شود.

پارک چان ووک (Park Chan-Wook)

متولد (۱۳۴۲) ۱۹۶۳ در شهر سئول[3] در کره شمالی است. کارگردان، فیلمنامه نویس و تهیه کننده و منتقد سابق فیلم است. وی یکی از محبوب ترین و تحسین شده ترین فیلمسازان در کشور کره به شمار می‌رود. ووک، دانش آموخته رشته فلسفه در دانشگاه سوگنگ[4] است، محلی که در آن فعالیت سینمایی خود را در باشگاه سینمایی به نام "جامعه فیلم سوگانگ"[5] دنبال می‌کرد. پس از اتمام تحصیلات، او مقاله‌هایی برای مجله‌های فیلم مینویسد و دستیار کارگردان چند فیلم مانند " نقاشی با آبرنگ در یک روز بارانی"[6] به کارگردانی "Yu Yeong_jin" می شود.

چان ووک اولین فیلم خود را با نام "ماه... آرزوی خورشید است"[7] (۱۹۹۲) می‌سازد. بعد از ۵ سال او دومین فیلم خود را با نام "trio" کلید میزند.

---

[1] Park Gwang
[2] Jang Sun-Woo
[3] Seol
[4] Sogang University
[5] Sogang Film Community
[6] Watercolor painting in a Rainy Day
[7] The Moon Is... the Sun's Dream

فیلم‌های اول پارک هیچکدام فیلم‌های موفقی نبودند. در سال ۲۰۰۰ پارک فیلم جدیدی با نام "منطقه امنیتی مشترک"[۱] را که هم فیلم موفقی از لحاظ اقتصادی بود و هم تحسین منتقدان را برانگیخت می‌سازد، فیلمی که حتی از فیلم "شیری"[۲] اثر "Kang Je_GYU" نیز که پر بیننده ترین فیلم سینمای کره بود پرفروش تر می‌شود. این موفقیت باعث شد تا او فیلم بعدی خود را به طور مستقل بسازد." همدردی با آقای انتقام "[۳] نتیجه آزادی خلاقیت این هنرمند است.

پس از برنده شدن جایزه بزرگ فستیوال کن[۴] ۲۰۰۴ برای فیلم "Old Boy" با توجه به این که موضوع اصلی در سه فیلم پشت سر هم از پارک چان ووک انتقام بوده است، یک خبرنگار از او میپرسد: "چرا تم انتقام در فیلم‌های شما تکرار می‌شود؟" او پاسخ میدهد: فیلم‌های من در مورد بیهودگی مطلق انتقام هستند و اینکه چطور انتقام نه تنها زندگی را ویران میکند بلکه بر زندگی همه تاثیر میگذارد و همه را درگیر این ویرانی خواهد کرد." -McConkey, ۲۰۰۸ (۰۵-۰۷).

وی در مصاحبه‌ای با مجله هالیوود ریپورتر[۵] در سال ۲۰۰۴، شیوه و منش هنری خود را متاثر از سوفوکل[۶]، کافکا[۷]، داستایوفسکی[۸]، بالزاک[۹] و کارک وانه گت[۱۰] می‌داند.

با وجود خشونت شدیدی که در فیلم‌های او وجود دارد، پارک یکی از محبوب ترین کارگردانان کره‌ای محسوب می‌شود و بیشتر محبوبیت او بخاطر سه فیلم از پنج فیلم آخری است که او در این سالها ساخته است: منطقه امنیتی مشترک (۲۰۰۰)، رفیق قدیمی (همکلاسی قدیمی) (۲۰۰۳) و بانوی انتقام

---

۱ Joint Security Area
۲ iShir
۳ Sympathy for Mr. Vengeance
۴ Grand Prix (Cannes Film Festival)
۵ The Hollywood Reporter (THR)
۶ Sophocles
۷ Franz Kafka
۸ Fyodor Mikhailovich Dostoyevsky
۹ Honoré de Balzac
۱۰ Kurt Vonnegut

(۲۰۰۵). بیش از سه میلیون نفر این فیلم‌ها را به تماشا نشسته اند، این آمار پارک چان ووک را کارگردان پرفروش ترین سه فیلم در کره جنوبی معرفی میکند. (Chan-wook, ۲۰۰۵) (McConkey, ۲۰۰۸)

برای کسب اطلاعات بیشتر از آثار به جدول فیلم‌ها و جدول جوایز در بخش پیوست مراجعه شود.

ناصر تقوایی

متولد دی ماه ۱۳۲۰ در روستای عرب نشین سعدونی در جنوب شرقی آبادان است. او از کودکی و نوجوانی به ادبیات و سینما علاقه مند شد. پیش از سینما در تلویزیون فعالیت میکرد و سریال "دائی جان ناپلون" از آثار ماندگار و پر طرفدار او در میان مردم است. این نویسنده و کارگردان ایرانی، پیش از همه این‌ها یک مستند ساز بوده است. فیلم‌های مستند "تاکسی متر"، "مشهد قالی" "فروغ فرخزاد"، "اربعین"، "بادجن"، مهمترین مستندهای تقوایی به شمار می‌روند. او دانش آموخته دبیرستان راضی آبادان و فارق التحصیل سینما از دانشگاه تهران است. وی در سال ۱۳۴۴ پیش از شروع فعالیت حرفه‌ای اش به عنوان یک مستند ساز، جزو کادر فنی فیلم "خشت و آینه" ابراهیم گلستان بوده است.

ناصر تقوایی در سینمای ایران به شناخت عمیق و اطلاعات جامع اش نسبت به ادبیات معروف است. او که دانشگاه را در رشته ادبیات نیمه کاره رها کرده، یک مجموعه داستان کوتاه توقیف شده با نام " تابستان همان سال" را نیز در کارنامه خود دارد. او را استاد اقتباس در سینمای ایران نیز می‌دانند. وی مدتی سردبیر مجله ادبی "هنر و ادبیات جنوب" بوده است.

به جرات میتوان گفت قاب‌های تقوایی هرکدام یک عکس تمام عیار هستند. خسرو دهقان در اکران فیلم‌های ناصر تقوایی در خانه هنرمندان ایران گفت: "ناصر تقوایی در سینمای ایران یک استثناست و به گمان من او فنی ترین شخص در تاریخ سینمای ایران است. به قول سیروس الوند " تقوایی مهندس

سینماست". او از نظر فنی تنها فیلمسازی است که مسائل فنی و مهندسی سینما برایش اهمیت بسیاری دارد." (دهقان، ۱۳۹۵)

تقوایی از لحاظ تماتیک یکی از سیاسی ترین سینماگران ایران است. در اغلب کارهای او اشاره‌هایی به وقایع سیاسی روز می‌شود. ریشه تقوایی در جنوب ایران است و اغلب آثارش بومی گری را به حد اعلایی در درون مایه خود دارد. امیر پوریا در باره تقوایی میگوید: "دو فیلم‌های تقوایی مفاهیمی انسانی مثل موطن و اهمیت آن طوری در فیلم مطرح می‌شود که به یک زمان و مکان محدود نمیشود، مفهوم موطن در فیلم عینی و فرامرزی است. (پوریا، ۱۳۹۵)

در کارنامه تقوایی ۶ فیلم بلند دیده می‌شود که سه تای آن تولید سال‌های قبل از انقلاب است، آرامش در حضور دیگران محصول سال ۱۳۴۹ ، صادق کرده (۱۳۵۰)، نفرین (۱۳۵۲)، فیلم پر افتخار ناخدا خورشید که برنده یوزپلنگ برنزی از چهل و یکمین جشنواره بین المللی فیلم لوکارنو[1] و بهترین کارگردانی از پنجمین جشنواره فیلم فجر شد محصول سال ۱۳۶۵ بود.ای ایران (۱۳۶۸) ، کشتی یونانی (۱۳۷۷) و آخرین اثر به اتمام رسیده او کاغذ بی‌خط محصول سال ۱۳۸۰ است. تقوایی دو پروژه نیمه کاره با نام‌های "چای تلخ" و "زنگی و بومی" را نیز در کارنامه خود دارد که به دلایلی نیمه کاره رها شدند. (شهبازی، ۱۳۸۱)، (حیدری، ۱۳۶۹)

برای کسب اطلاعات بیشتر از آثار به جدول فیلم‌ها مراجعه شود.

اصغر فرهادی

اردیبهشت ۱۳۵۱ در خمینی شهر اصفهان به دنیا آمد. وی در مقطع لیسانس فارق التحصیل رشته تئاتر از دانشگاه هنرهای زیبای دانشگاه تهران و مقطع فوق لیسانس در همین رشته در دانشگاه تربیت مدرس تهران است. فرهادی به طور رسمی، فعالیت‌های سینمایی خود را از سال ۱۳۶۵ در انجمن سینمای جوان اصفهان آغاز کرد. اولین فعالیت حرفه‌ای او در سال ۱۳۸۰ در فیلم "ارتفاع پست" به کارگردانی ابراهیم حاتمی کیا بود. او در ارتفاع پست به

---

[1] locarno film festival

عنوان فیلمنامه نویس مطرح شد. فرهادی در صحبت‌هایی که از او که با عنوان "اصغر فرهادی در زوریخ از سینما گفت" در روزنامه شرق چاپ شد اظهار داشت که اولین فیلم تاثیر گذار در زندگی او فیلم "دزد دوچرخه"[۱]

است اثری فاخر در تاریخ سینمای دنیا که تولید کشور ایتالیا می‌باشد.

وی همچنین هنر خود را متاثر از آثار ویتوریو دسیکا[۲]، فدریکو فلین[۳]، اینگماربرگمان[۴]، میکل آنجولو آنتونیونی[۵]، بیلی وایدر[۶] و کریشتوف کیشلوفسکی[۷] می‌داند.

فیلم "چهارشنبه سوری" اثری بود که اصغر فرهادی را به عنوان مهمترین کارگردان نسل سوم سینمای ایران تثبیت کرد و مورد تحسین منتقدان قرار گرفت. این فیلم در عین حال پرفروش ترین فیلم سال شد.

پس از آن، فیلم چهارم فرهادی اتفاق ویژه‌ای را در تاریخ سینمای ایران رغم زد،"درباره الی" جریان سینما را کاملا تحت تاثیر قرار داد و به خاطر پیروی از سبک رئالیسم موج جدیدی را در سینمای ایران به وجود آورد. همچنین او برای این فیلم برنده خرس طلایی جشنواره فیلم برلین[۸] شد.

فیلم بعدی او، "جدایی نادر از سیمین" که در دنیا با نام "جدایی"[۹] شناخته می‌شود به جز جوایز معتبر داخلی و خارجی جایزه ویژه اسکار[۱۰] بهترین فیلم خارجی زبان و گلدن گلوب[۱۱] بهترین فیلم خارجی زبان را دریافت کرد. فرهادی اولین فیلمساز ایرانی است که توانسته است این جایزه را به خود اختصاص دهد. در یک نظر سنجی در مجله تایم[۱۲]، فرهادی جزو ۱۰۰ شخصیت تاثیرگذار در جهان معرفی شده است.

---

[۱] Bicycle Thieves
[۲] Vittorio_De_Sica
[۳] Federico Fellini
[۴] Ernst Ingmar Bergman
[۵] Michelangelo Antonioni
[۶] Billy Wilder
[۷] Krzysztof Kieślowski
[۸] Berlin International Film Festival
[۹] A Separation
[۱۰] Academy Awards
[۱۱] Golden Globe Award
[۱۲] times magazine

فیلم بعدی او" گذشته"، که به زبان فرانسوی ساخته شد نیز جوایز زیادی را در دنیا برای او به ارمغان آورد.

جدیدترین ساخته اصغر فرهادی با نام "فروشنده" که محصول سال ۱۳۹۴ است، برنده جایزه بهترین فیلمنامه از جشنواره بین المللی فیلم کن شد.

سبک فیلم‌های فرهادی، سبکی رئالیسم و اجتماعی است و اغلب فیلم‌های او را اخلاقی و انسانی می‌دانند. دغدغه‌های اجتماعی که او در آثارش به آن‌ها می‌پردازد دلیل جذب بسیاری از نسل جوان و نوجوان سینماگران ایرانی به این سبک و سیاق است. (میهن دوست، ۱۳۹۵: ۱۷)، (روزنامه شرق، ۱۳۹۱).

قابل ذکر است که در روند این پروژه از هر کدام از کارگردان معاصر سینمای کره جنوبی و ایران دو فیلم در بازه زمانی مختلف انتخاب شده است. با توجه به تلاش نگارنده در تطبیق معنایی و یافتن مشترکات بین فیلم‌های این چهار کارگردان در دسته کارگردانان کلاسیک، صحنه‌های معنایی و یا موقعیتی مشترک میان دو کارگردان مورد بررسی قرار خواهد گرفت.

قابل ذکر است که انتخاب پلان‌ها در فیلم‌های منتخب، با دقت و دلیل انجام پذیرفته است که در ادامه به آنها خواهیم پرداخت.

فصل پنجم
مقایسه و آنالیز تصویر

فصل۵- مقایسه و آنالیز تصویر

اصغر فرهادی یکی از بهترین و به جرات میتوان گفت نام آور ترین کارگردان معاصر سینمای نوین ایران در عرصه بین المللی به شمار می‌رود. فیلم‌های او همانطور که لیست آن‌ها در قسمت پیوست تحقیق آمده است، فیلم‌هایی با موضوعات اخلاقی و اجتماعی هستند و موضوعات آنها با به چالش کشیدن مخاطب و به وجود آوردن فضای عمیق برای بیننده در جهت تفکر در مورد موضوع اخلاقی فیلم به پایان میرسند.

درست مانند پارک چان ووک کارگردان معاصر سینمای جدید کره جنوبی که با موضوعاتی اخلاقی، که تم اغلب آنها بیهوده بودن انتقام است. چان ووک در فیلم هایش بر این مساله تاکید دارد که انتقام نه تنها در نهایت باعث آرامش فرد انتقام گیرنده نمیشود، بلکه باعث نابودی زندگی انتقام گیرنده میشود و همچنین زندگی بسیاری افراد دیگر را نیز به قهقرا میکشد.

در میان فیلم‌های این دو کارگردان که در کارنامه هر دو آنها جوایز بین المللی معتبر جهانی می‌درخشد، میتوان وجه اشتراکاتی در میان فیلم‌های شهر زیبا و Old boy یافت. فیلم شهر زیبا تولید سال ۲۰۰۴ دومین فیلم بلند فرهادی در مقام کارگردان است، با وجود انتخاب این فیلم در مقایسه با فیلم Old boy که تولید سال ۲۰۰۳ میباشد و پنجمین فیلم بلند پارک در مقام کارگردان است، میتوان گفت چان ووک در فیلم Old boy قطعا از تجربه بیشتری برای ساخت و طراحی میزانسن برخوردار بوده است در صورتی که فیلم شهر زیبا جزو اولین تجربه‌های فرهادی به شمار می‌رود، با این حال وجه اشتراک هر دو این فیلم‌ها تم انتقام است. با این تفاوت که در فیلم پیر پسر یا Old boy ما با قربانی انتقامی همراه میشویم که به دنبال گرفتن انتقام از کسی است که از او انتقام گرفته است! اما در فیلم فرهادی ما به شکلی کاملا ایرانیزه با شخصی همراه میشویم که به دنبال گرفتن رضایت از پدری است که برای انتقام خون ریخته شده دختر نوجوانش توسط پسر نوجوانی که عاشق دختر او بوده است تقاضای قصاص دارد. در فیلم شهر زیبا منتقم با تصمیمی

که میگیرد زندگی چند نفر را به سمت ناکجا آباد میبرد همانطور که در فیلم پارک چان ووک منتقم زندگی افراد زیادی را برای رسیدن به هدف خود به نابودی میکشد.

در بخش دوم، در روند بررسی فیلم‌های این دو کارگردان، فیلم گذشته محصول سال ۲۰۱۳ از اصغر فرهادی و فیلم Stoker محصول سال ۲۰۱۳ از پارک چان ووک را برای مقایسه انتخاب کرده ام. دلیل این انتخاب، هم زمانی ساخت این دو فیلم و همچنین تجربه هر دو کارگردان در ساخت فیلم در شرایط متفاوت اقلیمی و فرهنگی و به زبانی متفاوت از زبان مادری بوده است. خلاصه داستان گذشته بدین شرح است : احمد، مرد ایرانی پس از چهارسال ترک همسر فرانسوی اش به دعوت ماری و برای طلاق توافقی به فرانسه می‌آید. ماری مدتی است با مردی به نام سمیر که همسر فرانسوی اش بخاطر خود کشی در بیمارستان به کما رفته است به همراه دو دخترش که ثمره ازدواج اول او با مردی فرانسوی هستند و فواد که پسر سمیر است زندگی میکند. ماری و احمد با یک طلاق توافقی از هم جدا می‌شوند، اما مشکل لوسی (دختر بزرگ ماری از همسر اولش) با ازدواج جدید مادرش و اتفاقی که برای سلین (همسر اول سمیر) افتاده است گذشته‌ای را ایجاد کرده است که به راحتی نمی توان از آن عبور کرد.

اصغر فرهادی در مصاحبه‌ای در جشنواره تورنتو میگوید: "همه در فیلم حد اقل یک بار عذرخواهی واقعی میکنند بجز احمد و شاید اگر او عذرخواهی میکرد این برخوردها پیش نمی آمد. اعتراف کردن و عذرخواهی کردن بیشتر در فرهنگ غرب وجود دارد، مانند اعتراف کردن در کلیسا در مقابل یک همنوع خود، اما در فرهنگ ما نیاز نیست شما اشتباه خود را به شخصی اعتراف کنید و اگر بر این اعتقاد استوار باشید می‌توانید بدون واسطه پیش خدای خود بگوید، که در این حالت هم اعتراف نمیکند بلکه از خداوند نوعی مغفرت و بخشش را طلب میکند. به نظر من اعتراف و عذر خواهی در مقابل شخصی که مانند خود انسان است زجر آور تر و دردناک تر است و به نظر من این اعتراف عمیق تر است. " (اصغر فرهادی در جشنواره تورنتو. ویدیو)

خلاصه فیلم استوکر: بعد از این که پدر ایندیا فوت می‌کند. سر و کله عموی او که تا آن زمان حتی از وجود او خبری نداشته اند پیدا می‌شود. عمو برای زندگی نزد ایندیا و مادر نامتعادلش می‌آید و ایندیا نسبت به عموی مرموز و جذابش کنجکاو می‌شود چون اتفاق‌های غیر قابل توصیفی در اطراف می‌افتد که مستقیم یا غیر مستقیم به عموچارلی مربوط می‌شود.

باید به این نکته اشاره کرد که در مجموع سینمای کره شاید به دلیل فراز و نشیب‌های زیاد سیاسی در کشور و استعمار و فشار بر روی سینما و سینماگران، سینمایی خشن و پر از خون، کشتار و پر از صحنه‌های خون بار است. به عبارتی سینماگران کره‌ای برای انتقال مفاهیم مدنظر خود، اغلب از درون مایه خشونت وام گرفته‌اند.

قابل ذکر است که سکانس‌های انتخاب شده از این چهار فیلم بر اساس دلیل معنایی و مفهومی بدنه فیلم می‌باشد و همچنین برای تکمیل ادعای موجود در فرضیه از بقیه آثار کارگردانان مورد مطالعه در این کتاب نیز به اختصار استفاده شده است. در ابتدا به مقایسه آنالیزی پلان‌های اول و آخر فیلم پرداخته و سپس به سراغ پلان‌های داخلی فیلم می‌رویم.

شهر زیبا و اولد بوی

پلان آغازین فیلم بلندگوی ندامتگاه نوجوانان بزهکار در حال پخش قرآن است (تصویر ۵-۱).

در آنالیز خطی این تصویر (تصویر ۵-۲)، در مرحله اول خطوط را مشاهده می‌کنیم که به وسیله آنها فضای تصویر به چند بخش تقسیم شده‌اند. بر اساس اطلاعات مکتوب شده در بخش خط و ویژگی‌های آن چشم از سمت چپ این تصویر به سمت راست حرکت می‌کند، تا جایی که خطی مورب از بالا به پایین مسیر نگاه را قطع می‌کند که آن سطح به وجود آماده به وسیله پرچم ایران است که در فریم‌های بعدی این پلان در باد در حال حرکت کردن است.

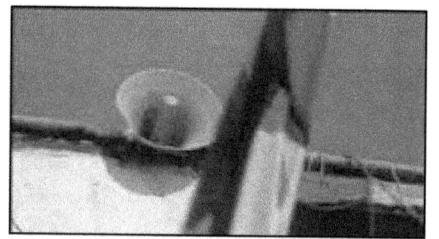

تصویر۵-۱ پلان آغازین فیلم شهرزیبا

تصویر۵-۲ آنالیز تصویر ۵-۱

در نگاه آنالیزی بعدی به این تصویر، تصویر پر از پاره خط‌هایی است که نه به صورت عمودی و افقی، بلکه به صورت مشوش و بعضا منحنی‌های کوچک در تصویر خودمایی میکنند (تصویر ۵-۳).

همچنین، با توجه به توضیحاتی که در بخش میزانسن عنوان شد، تاثیر نور و سایه در این ترکیب‌بندی و تقسیم بندی فضا بدین شکل نمایان می‌شود.

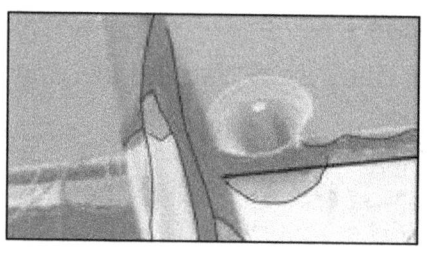

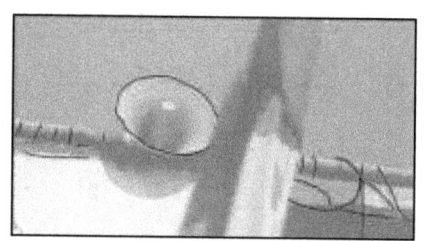

تصویر۵-۳ آنالیز تصویر ۵-۱

تصویر۵-۴ آنالیز تصویر ۵-۱

در مقایسه با همین تصویر به سراغ پلان آغازین فیلم Old boy میرویم. در این پلان بر خلاف فیلم فرهادی که یک پلان ثابت است، پارک در آن دوربین خود را برای به نمایش گذاشتن صحنه معرفی کاراکتر اصلی فیلم به سمت بالا می‌آورد. فریم اول این پلان تصویر شماره ۵-۵ به فریم آخر این پلان تصویر۵-۸ ختم میشود که هر دو به عنوان پلان آغازین فیلم مورد آنالیز قرار گرفته‌اند.

در آنالیز اول مشاهده میکنیم که عمده تصویررا خط‌های مایل نزدیک به عمود به چند سطح تبدیل کرده اند (تصویر ۵-۶).

تصویر۵-۵ پلان آغازین فیلم Old boy

تصویر۵-٦ آنالیز تصویر ۵-۵

در مرحله بعد، خط منحنی بزرگی که مشت گره خورده شخصیت اصلی فیلم است دقیقا در مرکز تصویر قرار دارد، گویی کراواتی که او در دست دارد بر گردن بینندگان آویخته شده است. قابل ذکر است که کنتراست بالای تصویر خط‌های ریز و را از قاب کارگردان حذف کرده و تنها خطوط مشخص و اصلی تصویر قابل مشاهده می‌باشند (تصویر ۵-۵).

در تصویر فریم آخر از پلان آغازین (تصویر۵-۸) ما به دلیل استفاده از شیوه ضد نور توسط کارگردان نمیتوانیم چهره شخصیت اصلی فیلم را به طور واضح ببینیم.

تصویر ۵-۷۷ آنالیز تصویر ۵-۵

تصویر۵-۸ نمای آخر از پلان اول فیلم Old boy

در این فریم بیشتر از این که خط بر تصویر قالب باشد سطح است که در آن خودنمایی میکند (تصویر ۵-۹). شخصیت اصلی همچنان در وسط تصویر قرار دارد و خطوط تشکیل دهنده سطح‌ها همچنان اصلی و تصویر آری از خطوط ریز و مورب کوچک است (تصویر۵-۱۰).

تصویر۵-۹ آنالیز تصویر ۵-۸   تصویر۵-۱۰ آنالیز تصویر ۵-۸

در مقایسه این دو پلان به تصاویر ۵-۱۱، ۵-۱۲ و ۵-۱۳ میرسیم. تصاویری که میتوانند بیانگر استفاده کارگردانان از انواع خطوط مختلف باشند. طبق این تصاویر ترکیب بندی میزانسن فرهادی در این فیلم در پلان اول بیشتر از خطوط راست شامل مورب، منحنی و شکسته با جزئیات بسیار تشکیل شده است و پلان ابتدایی فیلم پارک از تنها چندخط راست مورب و چند منحنی بزرگ در حالت ضدنور تشکیل شده است.

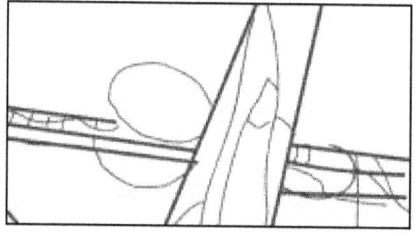

تصویر ۵-۱۱ آنالیز خطی تصویر ۵-۱

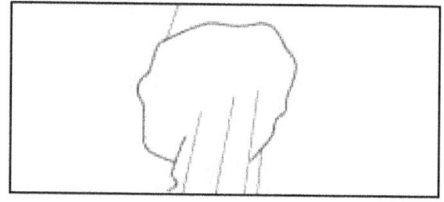 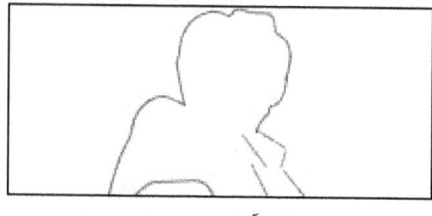

تصویر ۵-۱۳ آنالیز خطی تصویر ۵-۸   تصویر۵-۱۲ آنالیز خطی تصویر ۵-۵

پلان پایانی فیلم شهرزیبا تصویر شخصیت اصلی فیلم است که مستأصل و درمانده از همه جا پشت ریل راه آهنی که خانه خواهر دوستش در آنجا قرار دارد ایستاده است. در این پلان ما به دلیل سرعت قطار تقریبا چیزی از سوژه نمی بینیم (۵-۱۴).

آنالیز تصویری این پلان در حقیقت مختصر به چند خط که باعث ایجاد سطح‌های روشن در جهت دیده شدن سوژه در پشت تصویر می‌شوند هستند. به نظر می‌آید فرهادی از این میزانسن جهت رسیدن به صفحه سیاه و تیتراژ پایانی فیلم استفاده به سزایی کرده است (۱۵-۵).

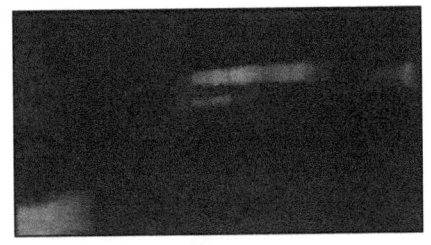

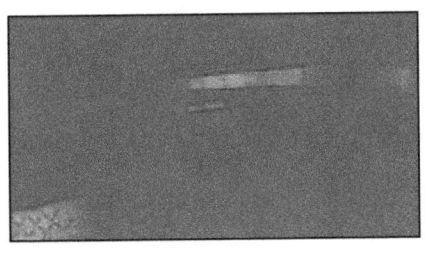

تصویر۵-۱۴ پلان پایانی فیلم شهرزیبا

تصویر۵-۱۵ آنالیز تصویر ۵-۱۴

پلان آخر فیلم Old boy کلوز آپی است که صحنه در آغوش کشدن شخصیت اصلی فیلم و دختر و معشوقه اش را به تصویر میکشد. این تصویر هم به دلیل بزرگ نمایی زیادی و قاب بسته‌ای که دارد از اجزاء کمی در آنالیز برخوردار است.

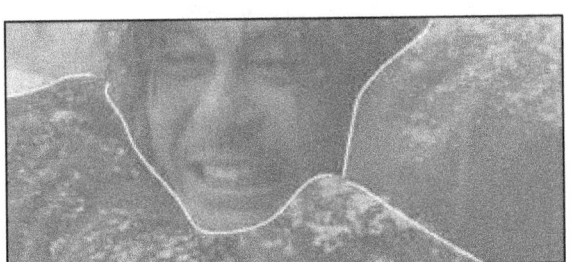

تصویر۵-۱۶ تصویر و آنالیز پلان آخر فیلم Old boy

قابل ذکر است که کادر در این دو فیلم دارای تفاوت کوچکی است، قاب تصویر در فیلم فرهادی از طرف عمودی بازتر از فیلم پارک است.

پلان بعدی نمای اولین تصویری است در هر دو فیلم از محلی به نمایش درمی آید که گره فیلم از آنجا آغاز میشود. در فیلم Old boy این تصویر متعلق به مکانی است که او برای اولین بار در آن ربوده می‌شود و پس از سالها در همان مکان آزاد می‌شود، مکانی که به قول خود او الان در آن ساختمان‌های

بلندی ساخته شده است (تصویر ۵-۱۷)، این مکان در فیلم فرهادی خانه خواهر قاتل نوجوانی است که شخصیت اصلی فیلم برای پیگیری پرونده دوستش که در زندان است برای اولین بار پس از آزاد شدن از زندان به آنجا می‌آید، این فیلم با صحنه‌ای در همان مکان نیز به پایان میرسد (تصویر۵-۱۹).

در آنالیز این تصویر به دلیل وجود ساختمان‌های به تصویر کشیده شده قاب پر از خطوط عمودی است و نزدیکی و ترتیب پنجره‌های ساختمان‌ها طبق توضیح خط دیدگانی، میتوانند القا کننده خطوط افق و عمود در تصویر باشند (تصویر ۵-۱۸).

تصویر۵-۱۷ اولین نما از مکان در فیلم Old boy   تصویر۵-۱۸ آنالیز تصویر ۵-۱۷

در شهرزیبا این مکان در منطقه‌ای در نقطه حومه نشین شهر، جایی در کنار ریل راه آهن به تصویر کشیده میشود. محله‌ای فقیر نشین که در نمای اولیه پشت ردیفی از سیم خار دارهای نامنظم و درهم به تصویر کشیده می‌شود (تصویر ۵-۱۹).

فضا در این تصویر، همچنان شلوغ و پرجزئیات است، قابل ذکر است که این شلوغی و بهم ریختگی تصویر خبر از زندگی بی‌سامان شخصیت‌های فیلم نیز دارد (تصویر ۵-۲۰)

تصویر۵-۲۰ آنالیز تصویر ۵-۱۹   تصویر۵-۱۹ اولین نما از مکان در فیلم شهرزیبا

برای اطمینان بیشتر در رابطه با این که شاید این تصویر مخدوش صرفا به دلیل فقر در خانواده سوژه مورد نظر باشد به سراغ فیلم تحسین شده جدایی می‌رویم. صحنه‌ای که در محله‌ای متوسط در تهران خانه مادر بزرگ ترمه به تصویر کشیده می‌شود، این تصویر هیچ قرابت معنایی با محتوای دو تصویر قبلی ندارد و تنها به دلیل شباهت مکانی از آن به عنوان شاهد مدعا استفاده می‌شود (تصویر ۵-۲۱). در این نما نیز بافت سنگ دیوار و خطوط درب فضا را لبریز از جزئیات می‌کند (تصویر ۵-۲۲ و ۵-۲۳).

تصویر۵-۲۱ نمایی از فیلم جدایی نادر از سیمین

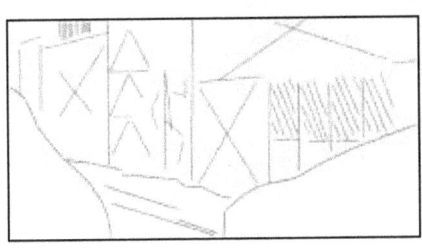 

تصویر۵-۲۳ آنالیز خطی تصویر۵-۲۱   تصویر۵-۲۲ آنالیز تصویر ۵-۲۱

حال به سراغ نمایی داخلی از محل زندگی شخصیت‌های داستان‌های هر دو کارگردان می‌رویم.

در فیلم پارک چان ووک، ما دو نما از داخل خانه شخصیت‌ها داریم، اولین نما از اتاقی است که شخصیت اصلی داستان سالها در آن زندانی بوده است (تصویر ۵-۲۴) و نمای دیگر از داخل خانه دختر اوست (تصویر ۵-۲۵).

تصویر ۵-۲۴ نمای داخل خانه در فیلم Old boy

تصویر ۵-۲۵ نمای دوم داخل خانه در فیلم Old boy

در تصویر اتاقی که او سالها در آن محبوس بوده است، خطوط به صورت قطر مقابل به کار رفته اند و همان طور که در توضیح این خطوط در بخش انواع خط آمده است ما را به عمق تصویر هدایت میکنند. در این تصویر حتی اغذ دیواری هم دارای خطوطی است که در عین داشتن نظم و ریتم منظم به القای فشاری که بر اثر تشویش ندانستن و سردرگمی و تنهایی بر روی کاراکتر فیلم کمک میکند.(تصویر ۲۶-۵)

تصویر ۵-۲۶ آنالیز نمای داخل خانه در فیلم Old boy

در نمایی دیگر از خانه اودیسو، زمانی که او به وسیله گازی بیهوش میشود نیز میزانسن طوری چیده شده است که ما قالب خطوط حاکم بر صحنه را عمودی و افقی می‌بینیم (تصویر۵-۲۷ و آنالیز آن تصویر۵-۲۸).

تصویر۵-۲۹ نمای داخل خانه در فیلم Old boy

تصویر۵-۲۸ آنالیز تصویر۵-۲۷

همچنین افتادن ادیسو از روی تخت به روی زمین با کمترین انحنایی صورت میپذیرد. به شکلی که او از یک خط شکسته بر روی تخت به یک خط افق تبدیل می‌شود و غلط خوران به پایین تخت می‌افتد. در حقیقت، میزانسنی که برای او در جهت بیهوش شدن چیده می‌شود تبدیل یک خط عمود به یک خط افقی تلقی می‌شود (تصاویر ۵-۲۹، ۵-۳۰، ۵-۳۱، ۵-۳۲).

تصویر۵-۲۹ افتادن Old boy

تصویر۵-۳۰ افتادن Old boy

تصویر۵-۳۱ افتادن Old boy

تصویر ۵-۳۲ افتادن Old boy

در همین راستا، در سکانسی دیگر که اودیسو در دالانی با تعداد زیادی گیر میکند و با آنان به مبارزه میپردازد، آنالیز چهار فریم از افتادن یکی از مهاجمان

بر روی زمین میتواند بر ایده نگارنده مبنی بر خطوطی راستی که حالات و حرکات فیگورهای کاراکتر ها را تشکیل میزهند صحت گذارد (تصاویر۵-۳۳، ۵-۳۴، ۵-۳۵ و ۵-۳۶).

تصویر ۵-۳۳ دعوا در فیلم Old boy

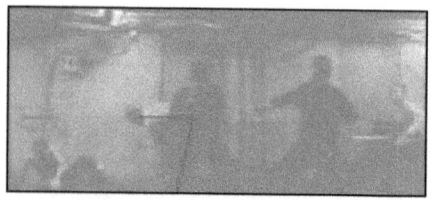

تصویر ۵-۳٤ دعوا در فیلم Old boy

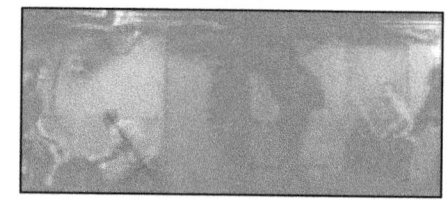

تصویر ۵-۳۵ دعوا در فیلم Old boy

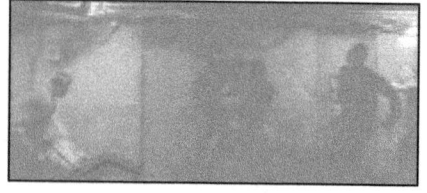

تصویر ۵-۳٦ دعوا در فیلم Old boy

در صحنه‌ای نسبتا مشابه در فیلم فرهادی، تماشاگر شاهد مشاجره و دعوایی از پشت پنجره است. در این فریم‌ها نیز مشابه فیلم پارک چند نفر با یکدیگر گلاویز می‌شوند (تصاویر ۵-۳۷ و ۵-۳۸).

تصویر ۵-۳۷ دعوا در فیلم شهرزیبا

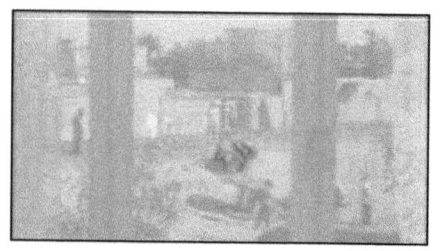

تصویر ۵-۳۸ دعوا در فیلم شهرزیبا

یا در مثال دیگری در فیلم جدایی نادر از سیمین، پلان تاثیرگذاری که شهاب حسینی در آشپزخانه خانه اش بر اثر فشار عصبی شروع به زدن خود میکند (تصویر۵-۳۹). در آنالیز این پلان، هر کدام از پرسوناژها که جزئی از

میزانسن قاب به شمار می‌آیند با رنگ زرد و قرمز مشخص شده اند (تصویر ۵-۴۰).

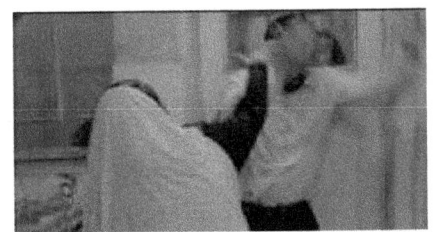

تصویر۵-۳۹ تصویری از فیلم جدایی نادر از سیمین

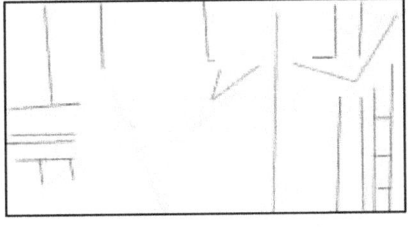

تصویر۵-۴۰ آنالیز تصویر ۵-۳۹

در بازگشت مجدد به فیلم پارک، در پلانی که خانه دختر را به تصویر میکشد با وجود شلوغی خانه و مشخص بودن سطح مالی پایین خانه از زاویه و با نوری فیلم برداری شده است که اغلب جزئیاتی که باعث شلوغی تصویر میشوند با استفاده از سایه‌ها در تاریکی قرار گرفته‌اند و زیاد در قاب تصویر به چشم نمی آیند.(تصویر ۴۱-۵)

تصویر۵-۴۱ ترکیب بندی‌های مشترکOld boy

نوع ترکیب بندی این تصویر را میتوان در مقایسه با تصویر ترمه در مقابل خانه مادر بزرگش مقایسه کرد. در هر دو این تصاویر شخصیت در نقطه طلایی سمت چپ قاب قرار دارد، در هر دو حجمی در سمت راست و چپ پایین تصویر به نوعی توجه ما را به نقاط طلایی معطوف میکنند، اما به نظر می‌رسد در قاب فرهادی میزانسن با وجود کمتر بودن اجزاء صحنه بیشتر از خطوط مورب وام گرفته است (تصاویر ۵-۴۲ و ۵-۴۳).

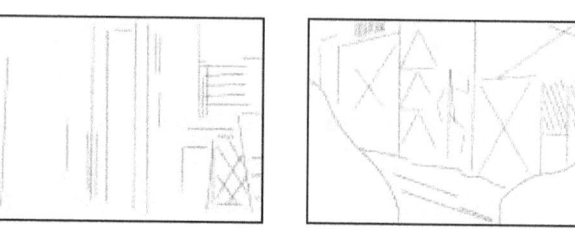

تصویر۵-۴۳ آنالیز خطی تصویر ۵-۴۱

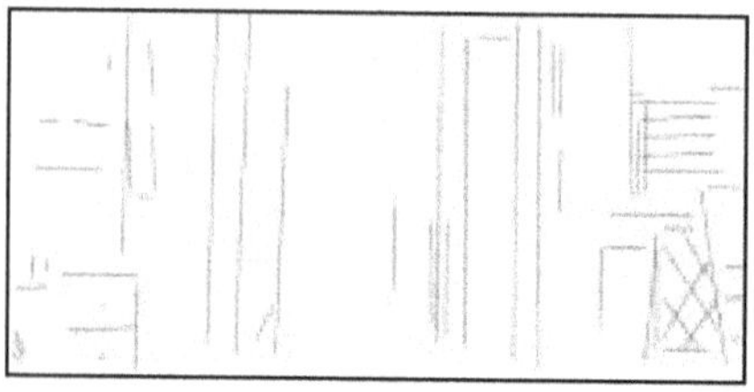

تصویر۵-۴۲ آنالیز خطی تصویر ٤-٤٥

و یا حتی در نمایی دیگر از بیرون خانه دختر در فیلم پارک چان ووک زاویه دوربین به شکلی است که با وجود خط‌های آزادی که درختان ایجاد کرده اند بازهم خطوط عمودی ساختمان‌ها و خطوط افقی پله‌های بین ساختمان بخش عمده قاب را به خود اختصاص داده‌اند.(تصویر۴۴-۵)

تصویر۵-٤٥ آنالیز تصویر ۵-٤٤

تصویر۵-٤٤ نمای بیرون خانه در فیلم Old boy

در فیلم شهر زیبا، پلانی تاثیرگذار وجود دارد که اعلا شخصیت اصلی فیلم، به سراغ امام جماعت مسجد محلی که خانواده مقتول در آن زندگی میکنند میرود و از او خواهش میکند تا به سرعت با او در رفتن به خانه پدر مقتول همراهی کند، اما روحانی مسجد، خواندن نماز اول وقت را بخاطر حضور مردم در مسجد به کمک کردن به او ترجیح میدهد (تصویر ۵-۴۶).

خط‌هایی با مسیر آزاد در بک گراند روحانی مسجد و بازی سایه‌ها بر روی دیوار در میزانسن فرهادی میتواند فضایی مضطرب و بی‌نتیجه را در تصویر القا کند (تصویر ۵-۴۷).

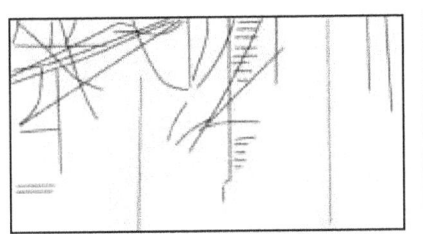

تصویر۵-٤٦ القای اضطراب در نمایی از فیلم شهرزیبا

تصویر۵-٤٧ آنالیز تصویر ۵-٤٦

حال به بررسی پلان‌هایی در طول دو فیلم میپردازیم که شخصیت‌های اصلی فیلم دچار نوعی استعصال میشوند، در شهر زیبا گویی هنگامی که کاراکترها در فشار روحی قرار میگیرند میزانسن از نگاه آنالیز خطی جوری چیده شده است که خطها او را محاصره کرده اند، اما همچنان از لحاظ خطی تصویر پر از پاره خط و خطوط مورب است (تصاویر ۴-۴۸، ۴-۴۹، ۴-۵۰، ۴-۵۱، ۴-۵۲، ۵۳-۴، ۴-۵۴).

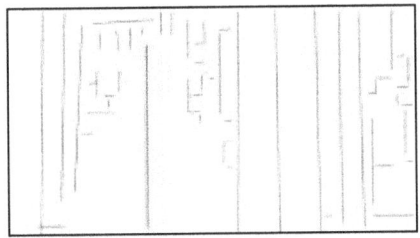

تصویر۵-٤٨ القای اضطراب در نمایی از فیلم شهرزیبا

تصویر۵-٤٩ آنالیز تصویر ۵-٤٨

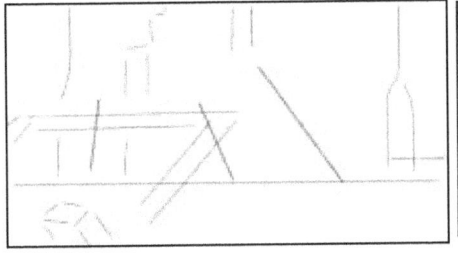

تصویر۵-۵۰ القای اضطراب در نمایی از فیلم شهرزیبا

تصویر۵-۵۱ آنالیز تصویر ۵-۵۰

تصویر۵-۵۲ القای اضطراب در نمایی از فیلم شهرزیبا

تصویر۵-۵۳ آنالیز تصویر ۵-۵۲

تصویر۵-۵۴ القای اضطراب در نمایی از فیلم شهرزیبا

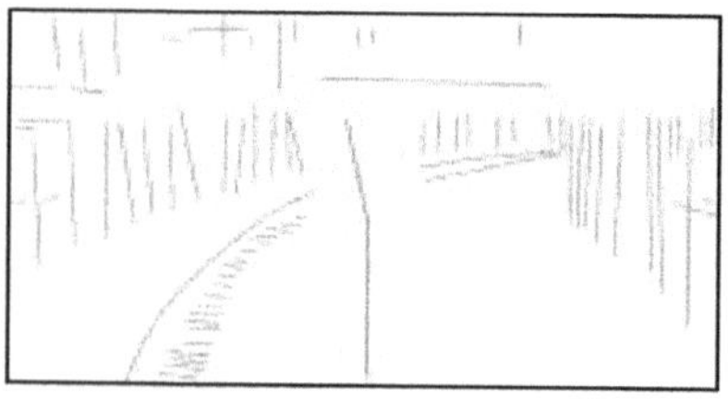

تصویر۵-۵۵ آنالیز تصویر ۵-۵۴

در فیلم Old boy نیز اوضاع تقریبا به همین منوال است، کاراکتر در پرفشار ترین صحنه‌ها در میان انبوهی از خطوط محاصره شده است. با این تفاوت که اغلب این خطوط را خطوط راست تشکیل میدهند و کمتر شاهد پاره خط‌ها در قاب هستیم (۵۶-۵، تا ۵-۶۰).

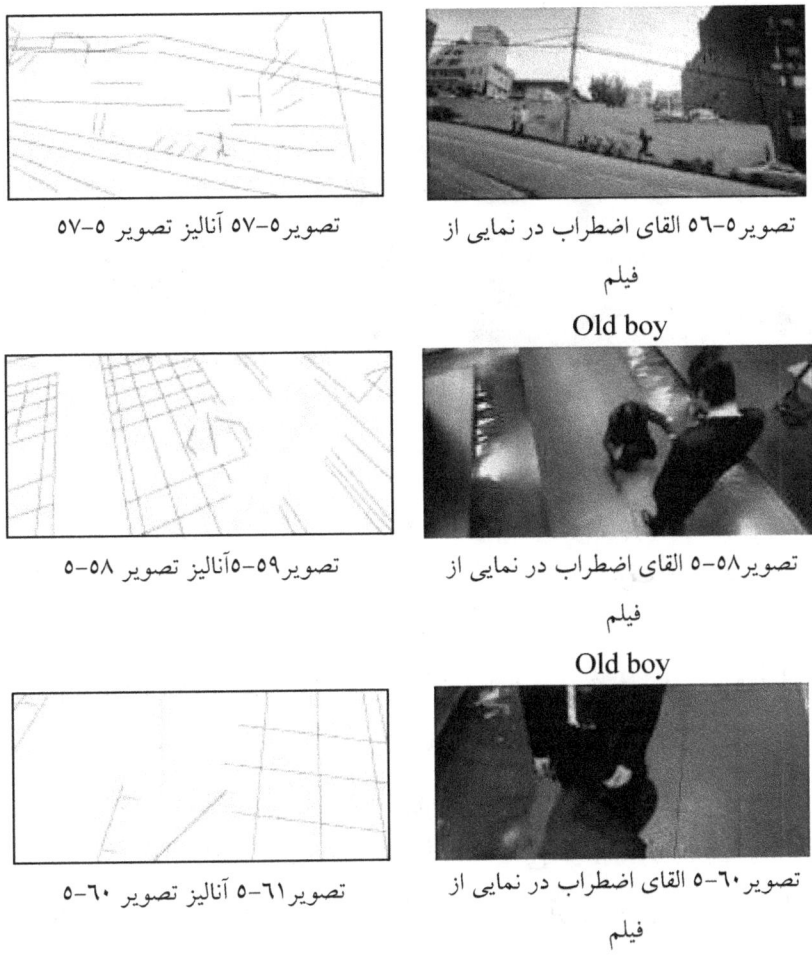

تصویر۵-۵٦ القای اضطراب در نمایی از فیلم

Old boy

تصویر۵-۵۷ آنالیز تصویر ۵-۵۷

تصویر۵۸-۵ القای اضطراب در نمایی از فیلم

Old boy

تصویر۵۹-۵آنالیز تصویر ۵۸-۵

تصویر٦۰-۵ القای اضطراب در نمایی از فیلم

Old boy

تصویر٦۱-۵ آنالیز تصویر ٦۰-۵

قابل ذکر است که در اغلب این تصاویر از ویژگی خط دیدگانی در آنالیز تصویر استفاده شده است.

در ادامه لازم میدانم به دو تصویر از فیلم Old boy که بدون نیاز به آنالیز خطی به طور واضحی به استفاده میزانسنی بسیار قوی از هجوم خط‌های عمودی و افقی در فیلم‌های کارگردان کره‌ای مورد مطالعه میپردازد اشاره‌ای داشته باشم.

فریم‌هایی که در پلان زنده شدن خاطره ایست که دلیل تمام مشکلات و انتقام جویی در فیلم است. شخصیت اصلی فیلم در این فضا به دنبال دیدن خاطرات نوجوانی خود می‌دود (تصاویر ۵-۶۲ و ۵-۶۳).

تصویر ۴-۶۲ حجوم منظم خطوط در فیلم   تصویر ۴-۶۳ حجوم منظم خطوط در فیلم
Old boy   Old boy

این فضا، سرشار از خطوط عمودی و افقی است، حتی خط موربی که بعضا در عکس شماره.. سعی در نوعی تقسیم فضا دارد به صورت خط قطری و با محکمی و ثبات خاصی در قاب استفاده شده است.

در تصویر اول که از عمد کارگردان، پلان را به صورت عمودی گرفته است، خطوطی که در حالت عادی به صورت افقی و ساکن هستند، در این تصویر به صورت عمودی به سمتی در حال فشاری ذهنی به نظر میرسند. گویی دنیا دارد با یادآوری خاطرات گذشته بر سر شخصیت اصلی فیلم خراب می‌شود. انگار تمام خطوط ساکن مرده افقی با فشار هرچه تمام تر بر ذهن شخصیت اصلی فیلم به صور عمودی و مستقیم آوار میشوند.

در انتهای این بخش لازم میدانم با ذکر دو تصویر، به استفاده از خط در تداوم تصویری پلان‌ها اشاره کنم. دو پلان به هم چسبیده که به وسیله کات گرافیکی به هم متصل شده‌اند.

قابل ذکر است کات یا برش گرافیکی به برشی در تدوین گفته می‌شود که در آن نماهایی که به هم متصل می‌شوند دارای تجانس بصری (شکلی، حرکتی، رنگی) باشند. بنابر این استفاده از فرم خط در این نوع تدوین کارساز است (تصاویر ۵-۶۴ و ۵-۶۵).

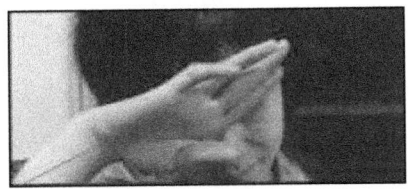
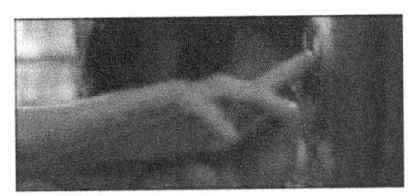

تصویر۵-۶۶ تداوم به وسیله خط در فیلم
Old boy

تصویر۵-۶۵ تداوم به وسیله خط در فیلم
Old boy

گذشته و Stoker

پلان آغازین فیلم stoker اثر پارک چان ووک از تعلیق کم نظیری برخوردار است که بیننده را تا آخر فیلم میکشاند. شخصیت اصلی فیلم که دختر نوجوانی است در حال گفتن مونولوگی[1] درباره خودش به تصویر کشیده می‌شود. تیتراژهای آغازین فیلم‌های پارک عموما از ویژگی‌های خاص و طراحی گرافیکی جذاب و نو آورانه‌ای برخوردارند. او در این فیلم هم از این ویژگی در تیتراژ فیلمش استفاده کرده است. نمای اول این فیلم نمایی لانگ شات[2] است (تصویر ۵-۶۶).

در آنالیز این تصویر رنگ و بوی شدید فضای کره‌ای حاکم به فضایی هالیوودی تبدیل شده است. بر خلاف نمای اول فیلم اولد بوی این نما از جزئیات تصویری و خطی بیشتری برخوردار است، اما همچنان سطوح به وجود آمده به وسیله خط‌ها قالب تصویر را احاطه کرده‌اند (تصاویر ۵-۶۷).

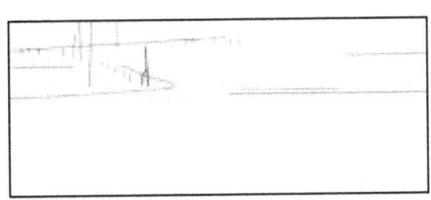

تصویر۵-۶۶ نمای ابتدایی فیلم stoker

تصویر۵-۶۷ آنالیز تصویر۵-۶۶

---

[1] Monologue
[2] Long Shot

در مقابل، نمای اول فیلم فرهادی نمایی مدیوم شات از "مارین" است که در انتظار شخصیت اول فیلم "احمد" در فرودگاه ایستاده است. تصویر پشت سر مارین، بر خلاف پلان اول فیلم استوکر نا واضح و یا به اصطلاح سینمایی و عکاسی فولو است، بنابراین آنالیز آن به صورت خط‌های عمودی و افقی و یا مورب به طور واضحی امکان پذیر نیست. خطوط پشت سر مارین بیشتر شبیه خطوطی در یک سراب نمایان میشوند (تصویر ۵-۶۸ و ۵-۶۹).

تصویر ۵-۶۸ نمای ابتدایی فیلم گذشته   تصویر ۵-۶۹ آنالیز تصویر ۵-۶۸

به دلیل این که این پلان، تنها پلان لانگ شات انتهای فیلم است و بقیه پلان‌های سکانس انتهایی فیلم بجز چند پلان کلوز آپ[1] و یا اکستریم کلوز آپ[2] هستند، در همین بخش به پلان‌های انتهایی فیلم نیز خواهیم پرداخت.

در انتهای فیلم استوکر، تعلیقی که در ابتدا با تصاویری از ایندیانا در جاده، کلوز آپ‌های گل‌های قرمز و اکستریم کلوز آپ‌ها از بخش‌هایی از چهره ایدیانا برای مخاطب به وجود آمد مشخص می‌شود. در این میان پلان‌های متعدد این سکانس می‌توان دو پلان را مورد بررسی قرار داد. یک پلان که پلان ابتدایی فیلم نیز بود و در ابتدای این بخش آنالیز شد (تصویر ۵-۶۶) و یک پلان که در آن ایندیانا در کنار چمنزار که در انتها متوجه میشویم که در کنار جاده‌ای واقع شده، ایستاده است (تصویر ۵-۷۰)

در این تصویر نیز کارگردان، با ایجاد خط دیدگانی توسط سایه روشن سطح تصویر مانند چند فریم دیگری که در ادامه به آنها اشاره خواهیم کرد و همچنین

---

[1] Close-up
[2] Extreme Close-up

با قرار دادن کارکتر دقیقا در وسط کادر میزانسن خود را با انتقال تمام قدرت به ایندیانا چیده است.

تصویر۵-۷۰ نمایی از پایانی فیلم stoker

تصویر۵-۷۱ آنالیز تصویر۵-۷۰

در ادامه به بررسی سه پلان از سکانس آخر فیلم فرهادی می‌پردازیم. پلان اول وقتی پس از تمام جریانات پیش آمده، سمیر به سراغ همسر خود که بر اثر خودکشی به کما رفته است آمده و در راهرو بیمارستان در حال رفتن است که تصمیم میگیرد برای امتحان عطر خودش را به صورت همسرش نزدیک کند تا شاید او به بوی عطر عکس العملی نشان دهد (تصویر ۵-۷۲).

در این پلان سمیر در حال فکر است، او در راهرویی قرار دارد که میزانسن آن طبق پرسپکتیو تک نقطه‌ای چیده شده است. انگار کارگردان میخواهد در این فضا دالانی که این شخصیت از داستان در آن گیر کرده است را در ذهن بیننده جا بیندازد. این قاب از فیلم فرهادی، سرشار از خط است اما بازهم پاره خطهایی که بیشتر جزئیات تصویر را زیاد میکنند. چیزی که دقیقا ما را به تم و درن مایه داستان گره میزند، این تصویر نیز پر از خطهایی است که در فلویی بک گراند و در عمق تصویر جای گرفته اند که اغلب آنها خطهای پرقدرت و مشخصی نیستند (تصویر ۵-۷۳).

تصویر۵-۷۲ نمایی از پایان فیلم گذشته

تصویر۵-۷۳ آنالیز تصویر۵-۷۲

در پلان آخر این سکانس، جایی که سمیر دست همسرش را به امید عکس العملی در دست گرفته است و تیتراژ پایانی بر روی این تصویر نمایان میشود. فضایی مثلثی به وسیله دست‌ها که در این آنالیز به صورت خط دیده میشوند تشکیل شده است. چین و چروک و سایه روشن در میزانسن این قاب نیز همچنان خطوط منحتی را ایجا میکند (تصویر۵-۷۴).

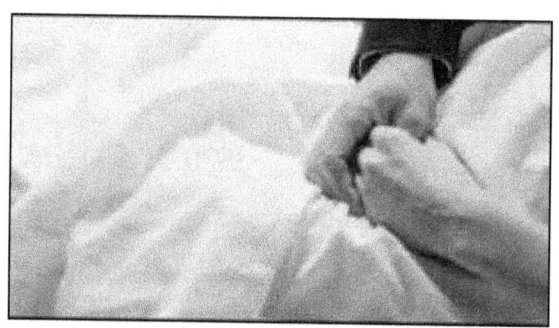

تصویر۵-۷۴ نمای پایانی فیلم گذشته

حتی اگر در این تصویر خطوط ایجاد شده به وسیله سایه روشن و پارچه را حذف کنیم باز هم سطح ایجاد شده به وسیله خط‌ها به دلیل شکل مثلثی‌ای که ایجاد میکند از ایستایی و سکون برخوردار نیست و البته میتواند نگاه ما را به سمت تیتراژ که از سمت چپ تصویر به روی قاب می‌آید جلب کند (تصاویر ۵-۷۵ و ۵-۷۶)

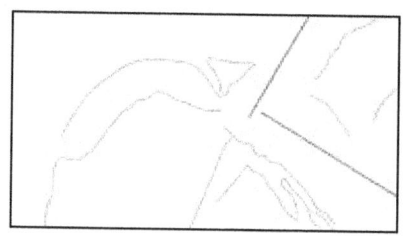

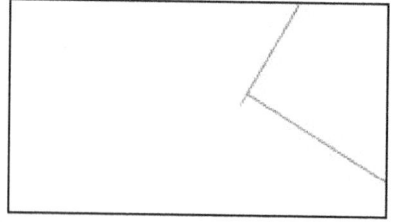

تصویر۵-۷۵ نمای پایانی فیلم گذشته

تصویر۵-۷۶ آنالیز تصویر۵-۷۴

در ابتدای فیلم استوکر، در روز تولد شخصیت اصلی فیلم، صحنه‌ای هست که او به دنبال هدیه تولدش در میان باغ خانه شان می‌گردد، جالب است که دو پلان از این سکانس آغازین را مورد بررسی قرار دهیم، در فریم اولی که

بررسی میکنیم، دختر در میان زمین بدمینتون در میان توپ‌های ریز به دنبال چیزی میگیردد (تصویر ۵-۷۷).

در این تصویر بخاطر زاویه کج دوربین ما تماما خطوط مورب را در تصویر مشاهده میکنیم اما در همین حالت هم از خطوط منحنی و یا مشوشی که قالب تصویر را در بر بگیرند خبری نیست و همچنان خط‌های راست سطح‌های بزرگ را به وجود آورده‌اند.(تصویر۷۸-۵)

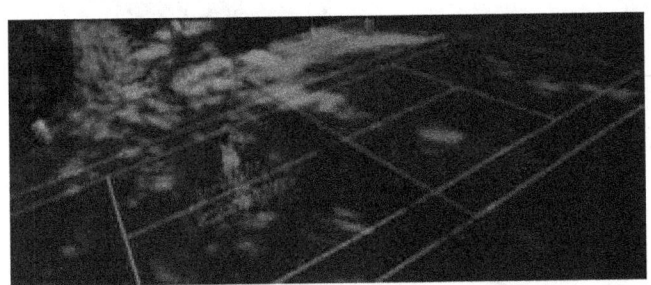

تصویر۵-۷۷ نمایی با زاویه خاص دوربین از فیلم stoker

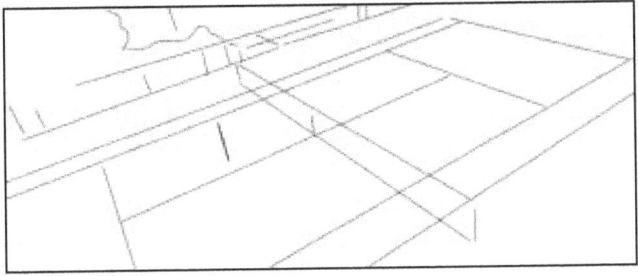

تصویر۵-۷۸ آنالیز خطی تصویر ۵-۷۷

یا در صحنه‌ای دیگر وقتی دختر در روند گشتن برای یافتن هدیه تولد ۱۸ سالگیش به سمت درختی میدود تا از آن بالا برود، دوربین در این تصویر کاملا با زاویه نامتعارف و کجی قاب بسته است، کارگردان میزانسن را در تصویر ۵-۷۹ به شکلی چیده است که انگار استفاده از خط‌های راست در به وجود آمدن سطح‌های مورب باعث شده است تا درختان و شاخ و برگ‌ها که همان خطوط آزاد هستند و بخش عمده‌ای از تصویر را احاطه کرده اند کمتر از فرم کج و در حال ریزش قاب به چشم بیایند.

گویی کارگردان با خط کشی در دست در طراحی میزانسن چشم ما را به هر سو که میخواهد میکشاند (تصویر۵-۸۰).

در این قاب، کارگردان از سایه نیز در به وجود آمدن این فرم در میزانسن خود یاری گرفته است. این تصویر شاید اشاره‌ای به تغییر شرایط که در طول فیلم گذر کارکتر از نوجوانی به جوانی مطرح می‌شود باشد.

تصویر۵-۷۹ نمایی با زاویه خاص دوربین از فیلم **stoker**

تصویر۵-۸۰ آنالیز خطی تصویر ٤-۷۹

از سوی دیگر در سکانس ابتدایی فیلم گذشته وقتی احمد و ماری بعد از چند سال با یکدیگر ملاقات میکنند و در ماشین از فرودگاه به سمت شهر حرکت میکنند، در جایی از مسیر از یک تونل رد میشوند که در آن احمد به پشت صندلی‌ها نگاه میکند و از ماری در مورد لباس‌هایی که انگار متعلق به یک اتوشویی است میپرسد (تصویر ۵-۸۱). در این پلان به نظر میرسد فرهادی گذشته مشترک این دو کاراکتر از طریق تاریکی تونل به مخاطب منتقل میکند، در این بخش آنالیز تصویری زمانی را که احمد به نوعی به تصویر گذشته خود و مارین نگاه میکند میپردازیم. در این تصویر هم خطوط سطح‌های تصویری را

به کمک نور و سایه ایجاد میکنند اما تقریبا همه خطوطی که ایجاد سطح کرده اند یا پاره خط و یا خط‌های آزاد هستند (تصویر ۸۲-۵).

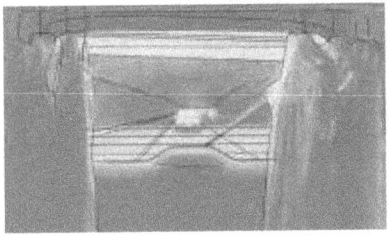

تصویر۸۱-۵ مای پایانی فیلم گذشته

تصویر۵-۸۲آنالیز تصویر ۸۱-۵

در فیلم گذشته این تصویر متعلق است به لحظه‌ای است که برای اولین بار احمد با سمیر نامزد جدید ماری روبرو میشود (تصویر۵-۸۳). این صحنه در آشپزخانه منزل ماری اتفاق می‌افتد. جایی به غایت شلوغ و بهم ریخته، دقیقا شبیه زندگی آنها (تصویر۵-۸۴).

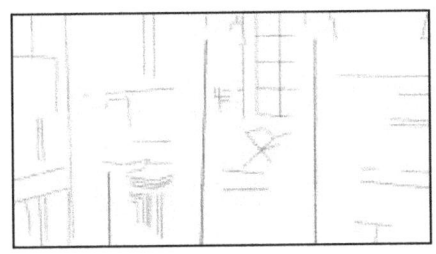

تصویر۸۳-۵ مواجهه شخصیت‌ها در فیلم گذشته

تصویر ۸٤-۵ آنالیز تصویر۸۳-۵

در فیلم پارک، این ملاقات یک بار از راه دور هنگامی که ایندیا در مراسم خاک سپاری پدرش نشسته است و بار دوم در چند سکانس بعد در منزل آنها اتفاق می‌افتد (تصویر ۴-۸۵).

تصویر ۵-۸۵ اولین مواجهه در فیلم stoker

در این نما نیز خط‌های ایجاد شده توسط درختان قدرت خطوط مورب، مایل و منحنی توانسته اند قدرت خط‌های با مسیرهای آزاد را تضعیف کنند. چان ووک در این صحنه بهترین شیوه استفاده را از تنه‌های قطور درختان، به عنوان خط‌های راست عمودی کرده است تا بتواند شخصیت مرموز و قوی فرد تازه وارد را به نمایش بگذارد. (تصویر ۸۵-۵)

تصویر ۵- ٨٦ آنالیز تصویر ۵-۸۵

نمای دیگری که ایندیانا با عموی خود که تابحال او را ندیده بوده از نزدیک روبرو میشود در خانه است. او بر روی پله‌های خانه نشسته است که عمو از بالای پله‌ها به او سلام میکند (تصویر۵-۸۷).

در این تصویر نیز، سطوح به وسیله خط‌هایی راست و بدون جزئیات تشکیل شده‌اند (تصویر۵-۸۸).

صویر۵–۸۷ اولین مواجهه در فیلم **stoker**

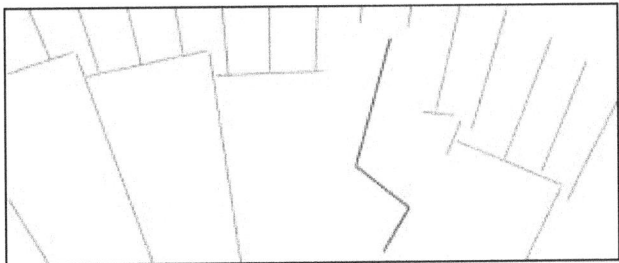

تصویر ۵–۸۸ آنالیز تصویر ۵–۸۷

اولین نمای بیرونی از ساختمان خانه در فیلم چان ووک نمایی در سکانس‌های آغازین فیلم است. وقتی دختر همچنان در باغ خانه در محلی که بعدها متوجه میشود عموی مرموزش چند نفر را در آن دفن کرده است به دنبال هدیه تولدش میگردد در این میان، نمایی از بیرون ساختمان خانه دیده میشود (تصویر۴-۹۰). در این نما، خانه در عمق تصویر تقریبا در نقطه طلایی قاب قرار دارد، جزئیات در این تصویر زیاد است اما بازهم سایه روشن‌ها از شدت آن‌ها میکاهد. با وجود خط‌های آزاد در تصویر که درختان آن را ایجاد میکنند. تکه نوری که بر روی زمین در این قاب افتاده است بازهم این فریم را به چند سطح تقسیم میکند. تصویر در عین شلوغی از سطوح جدا کننده برخوردار است که نشانه‌ای از فضای قاب‌های فیلم‌های کره‌ای است (تصویر ۵-۸۹).

تصویر ۵-۸۹ اولین نما از خانه در فیلم **stoker**

تصویر ۵-۹۰ آنالیز تصویر ٤-۸۹

شاید دلیل شباهت محیط خانه‌ای که در آن فرهادی برای فیلم گذشته انتخاب کرده است با توجه به نزدیکی فرهنگی و ویژگی‌های روحی مشترک ایرانیان و فرانسویان باشد. دکور این خانه تماما با نظر و میزانسنی که فرهادی برای فیلمنامه در نظر داشته است ساخته شده و شباهت‌های زیادی به خانه‌ای که در فیلم شهرزیبا مورد بررسی قرار دادیم دارد. هر دو در محله‌ای پایین شهر و هر دو در کنار ریل راه آهن. شاید فرهادی با قرار دارن ریل راه آهن قصد داشته است تا مفهومی از زندگی، رفتن، گذر و روح صدا و تشنجی که از این سرعت گذر قطار به تصویر منتقل میکند را به بیننده القا کند (تصویر ۵-۹۱).

میزانسن این تصویر هم با فضای مثلث شکلی که همان مثلث دیدگانی است که در فصل‌های گذشته به آن اشاره شد چیده شده است. پر از جزئیات و آشفتگی‌ای که ریشه در زندگی ساکنان خانه دارد (تصویر ۵-۹۲).

تصویر۵-۹۱ اولین نما از خانه در فیلم گذشته

تصویر۵-۹۲ آنالیز تصویر۵-۹۱

اولین تصویری که از پی او وی یا زاویه نگاه احمد از حیاط خانه به تصویر کشیده میشود تصویر ۵-۹۳ است. تصویری در نهایت مشوش و شلوغ با سه خط عمودی تشدید شده و خطهایی با مسیر آزاد که به دلیل قرار گرفتن در حالت نا واضح (فولو) به تشدید به هم ریختگی در تصویر کمک میکنند (تصویر۵-۹۴).

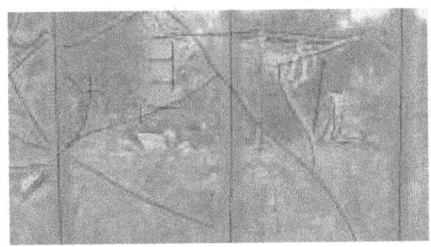

تصویر۵-۹۳ تصویر حیاط خانه در فیلم گذشته

تصویر۵-۹۴ آنالیز تصویر۵-۹۳

دو نمای بعدی متعلق به آشپزخانه هر دو خانه است. در فیلم پارک چان ووک این قاب متعلق به لحظه ایست که ایندیا تقریبا مطمئن شده است که ناپدید شدن اطرافیانش زیر سر عموی تازه واردش است. با ترس با عمویی روبرو میشود که ما سایه او را میبینیم تا زمانی که ایندیا از جلوی او میگذرد و ما متوجه دلیل مضاعف شدن ترس ایندیا که چاقوی آشپزخانه ایست که در دست عمو چارلی جاخوش کرده است میشویم (تصویر۴-۹۵). در این تصویر نیز با وجود سایه‌ها که حالت وضوح کاملی از لحاظ خطی ندارند سطوح به چند بخش تقسیم میشود (تصویر۵-۹۶).

تصویر۵-۹۵ آشپزخانه در فیلم stoker

تصویر ۵-۹٦ آنالیز تصویر ٤-۹۵

تصویری که در فیلم فرهادی از آشپزخانه خانه مارین میبینیم در مرتب ترین حالت خود به شکل تصویر ۵-۹۷است.

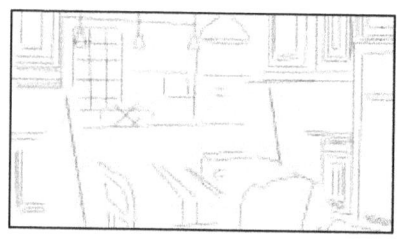

تصویر۵-۹۷ تصویر حیاط خانه در فیلم گذشته

تصویر۵-۹۸ آنالیز تصویر۵-۹۷

در تمام این تصاویر شخصیت‌ها در میان خطوطی محصور شده اند، گویی کارگردانان از خطوط برای حجمه شدن مشکلات و فشار بر روی کاراکترها استفاده کرده‌اند.

صحنه اول در فیلم پارک زمانی که ایندیا از رابطه ایجاد شده بین عمو و مادرش بخاطر فشار عصبی به سمت جنگل می‌دود (تصویر۵-۹۹).

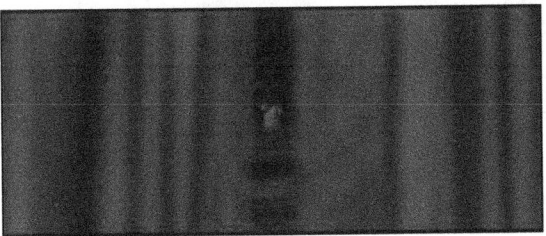

تصویر۵-۹۹ صحنه‌های فشار روحی در فیلم stoker

صحنه دوم هنگامی که عمویش برای اولین بار هنگام پیانو نواختن ایندیا کنار او می‌نشیند تا از این طریق خود را به او نزدیک کند (تصویر۵-۱۰۰).

تصویر۵-۱۰۰ صحنه‌های فشار روحی در فیلم stoker

صحنه سوم زمانی است که ایندیا شاهد کشتن همکلاسیش توسط عمویش بوده است و این موقعیت در حمام به صورت فلش بک جلوی چشم ایندیا می‌آید (تصویر۵-۱۰۱).

تصویر۵-۱۰۱ صحنه‌های فشار روحی در فیلم stoker

در فیلم فرهادی این سه صحنه بدین ترتیب می‌باشند؛ صحنه اول وقتی پسر سمیر از حضور احمد در خانه شان در فشار است (تصویر ۵-۱۰۲).

تصویر۵-۱۰۲ صحنه‌های فشار روحی در فیلم گذشته

صحنه دوم هنگامی که دختر بزرگ مارین پس از دعوا با مادرش میخواهد از خانه برود اما عملا جایی برای رفتن ندارد و مستأصل بر روی پلی در حال راه رفتن است (تصویر۵-۱۰۳).

تصویر۵-۱۰۳ صحنه‌های فشار روحی در فیلم گذشته

و تصویر سوم متعلق به سکانس آخر سمیر در بیمارستان است که به همسرش که در کماست نگاه میکند.(تصویر ۱۰۴-۵)

تصویر٤-۱۰٤ صحنه‌های فشار روحی در فیلم گذشته

در راستای مقایسه این تصاویر با یکدیگر، آنالیز آنها را به ترتیب عنوان عکس‌ها در ادامه می‌آوریم.(تصویر ۱۰۵-۵)

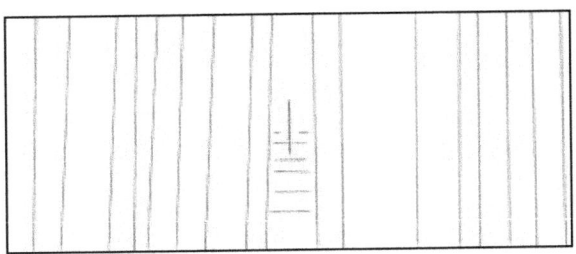

تصویر۵-۱۰۵ آنالیز تصویر۵-۹۹

در تصویر ۵-۱۰۰، با وجود خط‌های شکسته در بک گراند تصویر خطی با قدرت و مورب که از میانه در میگذرد توانسته است تمام نیروی حاکم بر تصویر را احاطه کند. پارک حتی در این حالت هم سعی دارد تا قاب را به وسیله خط به دو سطح تقسیم کند (تصویر ۵-۱۰۶).

تصویر۵-۱۰۶ آنالیز تصویر۱۰۰

تصویر۵-۱۰۷ آنالیز تصویر۱۰۱

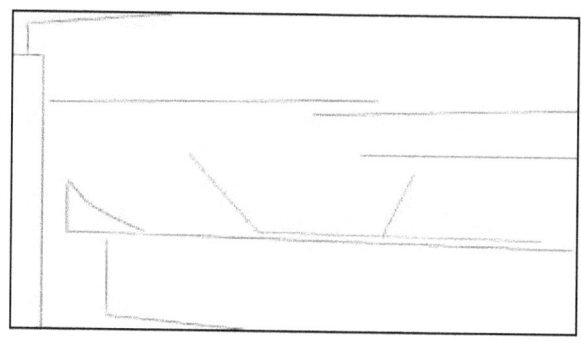

تصویر ۵-۱۰۸ آنالیز تصویر۱۰۲

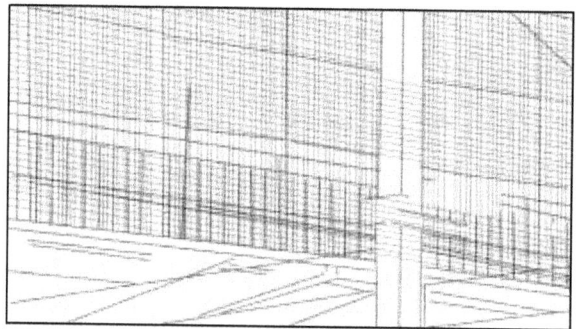

تصویر ۵-۱۰۹ آنالیز تصویر۱۰۳

تصویر بعد متعلق به فیلم گذشته است، خطوط ساده شده و سطوح تختی را به وجود آورده اند، گویی دیگر سمیر نا امید و وامانده است (تصویر ۵-۱۱۰).

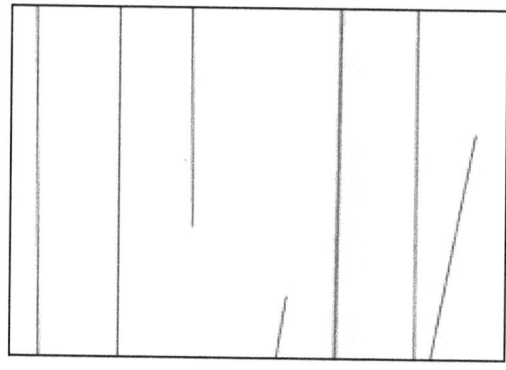

تصویر ۵-۱۱۰ آنالیز تصویر۱۰٤

برای بررسی بیشتر به سراغ پلان آخر فیلم جدایی میرویم. جایی که تیتراژ پایانی در همین صحنه بالا می‌اید. فرهادی در میزانسن این قاب با وجود شلوغی عمق صحنه که راهرو دادگاه خانواده را به تصویر میکشد سعی کرده است تا به

وسیله درهای موجود در این این راهرو صحنه را به دو بخش تقسیم کند. فضا به شکلی است که گویی همه چیز تمام شده است و کاراکترها مستأصل و وامانده از همه جا از هم جدا شده‌اند.(تصویر ۱۱۱-۵) شبیه تصویری است که در آن سمیر با درماندگی تمام به همسرش نگاه میکند.

تصویر۵-۱۱۱ صحنه آخر فیلم جدایی نادر از سیمین

بررسی فیلم‌های ناصرتقوایی و ایم کونتک

در این بخش به مقایسه میزانسنی ۶ فیلم بر اساس موقعیت موضوعی پلان‌ها میپردازیم تا از قالب مقایسه دو فیلم بیرون آمده و موقعیت‌های مشترک را در آثار این دو کارگردان مورد مطالعه قرار دهیم. در ابتدا لازم میدانم توضیح مختصری درباره ۶ فیلم مورد مطالعه ارائه دهم.

ناخدا خورشید یکی از بومی ترین فیلم‌های تاریخ سینمای ایران به شمار می‌رود و محصول سال ۱۹۸۶ (۱۳۶۵) و همزمان با فیلم The Surrogate Woman (زن جانشین) است. ناخدا خورشید داستان ناخدایی است که بار قاچاق لنجش توسط شخصی به نام خواجه ماجد لو می‌رود و سرمایه اش در آتش پلیس می‌سوزد. از طرفی دلالی به نام فرحان به او پیشنهاد رد کردن چند فراری سیاسی را که در ترور حسنعلی منصور دست داشته اند را از مرز می‌دهد. ناخدا خورشید که احتمال مصادره لنجش را میدهد قبول میکند. پس از آن، چند تبعیدی دیگر از فرحان میخواهند ناخدا خورشید را راضی کند تا آنها را هم از مرز رد کند. در نهایت ناخدا خورشید به سختی راضی میشود. تبعیدی‌ها قبل از سوار شدن به لنج خواجه ماجد و مباشرش را میکشند و پول و

مرواریدهای او را میدزدند. سرانجام آنها در داخل لنج با ناخدا خورشید نیز درگیر میشوند و همه در انتها از پای درمی آیند.

ای ایران فیلم دیگری از تقوایی‌ست که در سال ۱۳۶۸ ساخته شده است. فیلمی کاملا بومی که در روستای ماسوله در شمال ایران فیلمبرداری شده است و طبیعتی که در فیلم به تصویر کشیده می‌شود از وجوهی شباهت‌هایی به طبیعتی است که در فیلم Chihwaseon ایم کونتک در قاب تصویر قرار می‌گیرد، به همان بکر و دست نخوردگی. این دو فیلم از لحاظ بومی بودن و تلاش هر دو کارگردان در جهت میهن پرستی و حفظ فرهنگ کشور به یکدیگر نزدیک‌ند. این فیلم همچنین از جهت ظلم حاکمان و بی‌عدالتی در حق مردم و فرم بومی بودن فیلم میتواند به فیلم chunhyang نیز اشتراکاتی داشته باشد. داستان‌ای ایران در بحبوحه انقلاب ایران اتفاق می‌افتد و داستان گروهبان زور گویی است که به شهر ماسوله میرود و ساکنین منطقه را با آزار و اذیت مردم و ایجاد حکومت نظامی تحت فشار قرار می‌دهد. البته این فیلم درون مایه‌های طنزی نیز دارد . در انتها مردم و بچه‌های مدرسه که از این شرایط به سطوح آمده اند بساط گروه بان مکوندی که مامور دولت در شهر است را بهم میریزند.

کاغذ بی‌خط داستان رویا، همسر جهانگیر و مادر دو فرزند است که مشغول روزمرگی‌های زندگیست اما میخواهد قلم در دست بگیرد و برای ایجاد تحولی در زندگیش و از همه بیشتر شناخت بیشتر خود و اطرافیانش فیلمنامه‌ای بنویسد که این فیلمنامه عین زندگی اوست. کاغذ بی‌خط محصول سال ۱۳۸۰ (۲۰۰۱) است و تقوایی در آن اشارات سیاسی‌ای هم به اتفاقات همزمان با آن دوره دارد. این فیلم در واقع مانند فیلم‌های گذشته تقوایی مثل ناخدا خورشید و یا ای ایران، رنگ بوی واضح بومی‌ای ندارد اما در دل خود بومی گری را به معنای نقش تعریف شده زن در جامعه ایران فریاد میزند. کاغذ بی‌خط نوعی تلاش برای به تصویر کشیدن تلاش یک زن که همه نقش او را به قول رویا بازیگر این فیلم بشور و بساب و بپز میدانند به زنی که میخواهد خود را بازیابد و از طریق رویا پردازی‌های مدام و سرانجام نوشتن فیلم نامه‌ای تحولی در زندگیش ایجاد کند را به تصویر بکشد.

The.Surrogate.Woman داستان نوعی ظلم به زنان است. این فیلم درباره دختر نوجوانیست که به دلیل فقر خانواده مجبور میشود تا رحم اش را به خانواده‌ای متموّل که بچه دار نمیشوند اجاره دهد، دختر رفته رفته عاشق و وابسته به مردی میشود که به نوعی به صیغه او در آمده است. اما او پس از زایمان پسری برای خانواده اشرافی مجبور به ترک آنجاست. و سرانجام بخاطر فشارهای روحی خودکشی میکند. این فیلم محصول سال ۱۹۸۶ است.

فیلم دیگری که مورد مطالعه قرار خواهم داد، Chunhyang، داستان یک عشق است. در ابتدای فیلم چند جوان امروزی به تاتری میروند و راوی‌ای شروع به تعریف این داستان میکند. گویی کارگردان میخواهد نظر نسل امروز را به سمت عشق‌ها و وفا داری‌های قدیمی جلب کند. راوی، روایت عشق پسری از خانواده سلطنتی و دختری از مادری است که به فاحشه بودن معروف است. پسر که در خفا با دختر ازدواج کرده است، بخاطر گذراندن آزمونی مجبور است به سئول برود و دختر را ترک کند، در غیاب او حاکم ظالمی به شهر می‌آید که دختر را به ازدواج با خودش تهدید میکند، دختر مقاومت میکند و حاکم دستور میدهد تا در جشنی که به مناست تولد حاکم گرفته اند او را اعدام کنند، در همین زمان همسر دختر که به سئول رفته بود برمیگردد و دختر را نجات میدهد و بر تخت حاکم مینشیند. این داستان شباهت زیادی به داستان‌های فیلم‌های فارسی ایرانی دارد اما از لحاظ میزانسنی فیلم قابل بررسی به حساب می‌آید و میزانسن‌های حساب شده‌ای دارد. این فیلم تولید سال ۲۰۰۰ میلادی است.

فیلم بعدی، Chihwaseon تولید سال ۲۰۰۰ میلادی و داستان زندگی و فراز و نشیب‌های نقاش دوره گردی و از سطح معمولی جامعه را روایت میکند که استعداد فوق العاده‌ای در کپی کردن آثار دارد، او برای حرفه‌ای شدن در زمینه نقاشی که هنر بسیار ارزشمند و سنتی کره محسوب میشود سختی‌های بسیاری میکشد و سعی میکند تا سبکی مخصوص خود را در جامعه جا بیندازد. اما این تلاش او با جنگ‌های داخلی کره و نفوذ و جنگ میان کره و ژاپن همزمان میشود. این نقاش به نوعی میتواند نماد کره و فرهنگ و هنر کره باشد

که در فراز و نشیب‌های کشور قرار گرفته است. شخصیتی سرگردان و بلاتکلیف و دستخوش تحولات و فشارهای سیاسی و اجتماعی کشور.

پلان آغاز و پایان در دو فیلم کاغذ بی‌خط و ناخدا خورشید یکیست. جایی که نام و تیتراژ فیلم از همانجا آغاز و پایان میپذیرد. صحنه اول ناخدا خورشید نمایی از غروب خورشید در پشت بافت شهری جنوب ایران است (تصویر ۵-۱۱۳و ۵-۱۱۲).

تصویر۵-۱۱۲ پلان آغازین و آخرین فیلم ناخدا خورشید

تصویر۵-۱۱۳ آنالیز تصویر۴-۱۱۲

در فیلم کاغذ بی‌خط پلان اول و آخر، تصویر دیوار خانه ایست که کاراکترهای داستان در آن زندگی میکنند (تصویر۵-۱۱۵ و ۵-۱۱۴).

تصویر۵-۱۱٤ پلان آغازین و آخرین فیلم کاغذ بی‌خط

تصویر۵-۱۱۵ آنالیز تصویر۱۱٤

آغاز فیلم‌ای ایران تصویری از پرچم ایران است که بر فراز آسمان بدون وزش هیچ بادی آرام گرفته است (تصویر۵-۱۱۶). این تصویر از لحاظ خطی بسیار

ساده است و اغلب از خط‌های عمودی راست تشکیل شده است (تصویر ۵-۱۱۷).

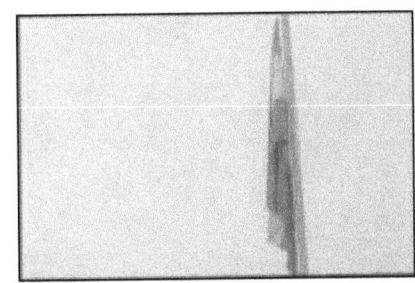

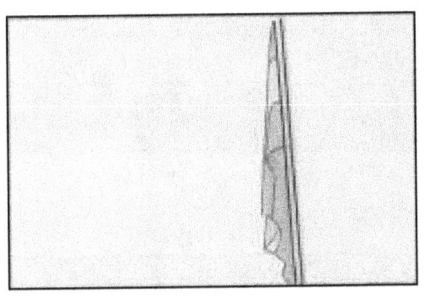

تصویر۵-۱۱٦ پلان آغازین فیلم‌ای ایران

تصویر۵-۱۱۷ آنالیز تصویر۱۱٦

تصویر اولین پلان‌های سه فیلم کره‌ای عمدتا مانند قاب‌های فیلم هایشان به وسیله خطوط به چند سطح تقسیم شده‌اند. در پلان آغازین فیلم زن جانشین The surrogate woman تصویر به وسیله خطوط عمودی تقسیم شده است (تصاویر ۵-۱۱۹ و ۵-۱۱۸).

تصویر۵-۱۱۸ پلان آغازین فیلم زن جانشین

تصویر۵-۱۱۹ آنالیز تصویر۱۱۸-۵

درchunhyang داستان به دو گونه آغاز دارد! یکی پلان اولی که راوی شروع به روایت میکند و دیگری وقتی ما با سراغ خود داستان که در حال روایت شدن است می‌رویم. در حالت اول، راوی بر روی سن یک سالن نمایش ایستاده است که تیتراژ ابتدایی فیلم نمایان میشود (تصاویر ۵-۱۲۱ و ۵-۱۲۰). در آغاز دوم از فیلم بیننده با نمایی از محل زندگی پادشاه وارد دنیای داستان میشود (تصاویر ۵-۱۲۲ و ۵-۱۲۳).

تصویر ۵-۱۲۰پلان آغازین در فیلم

chunhyang

تصویر ۵-۱۲۱ آنالیز تصویر ۵-۱۲۰

تصویر۱۲۲-۵ پلان آغازین و آخرین فیلم

Chunhyang

تصویر۱۲۳-۵ آنالیز تصویر۱۲۲-۵

در فیلم Chihwaseon که داستان نقاشی کره‌ای روایت میشود پلان اول دستی است که در حال کشیدن نقاشی‌ای بر روی پارچه دیده میشود (تصویر۵-۱۲۴).

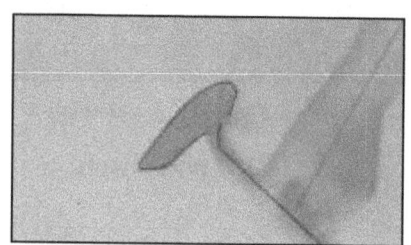

تصویر ۵-۱۲٤ پلان آغازین فیلم

Chihwaseon

تصویر ۵-۱۲۵ آنالیز تصویر ۵-۱۲٤

همان طور که عنوان شد، پلان‌های انتهای دو فیلم کاغذ بی‌خط و ناخدا خورشید یکی هستند اما پلان انتهایی فیلم‌های ایران نمایی از بافت شهر ماسوله است که از لانگ شات به اکستریم لانگ شات تغییر می‌کند (تصاویر ۵-۱۲۶ و ۵-۱۲۷).

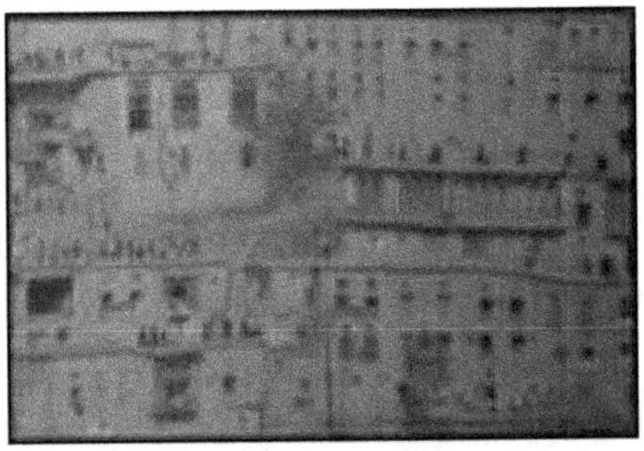

تصویر۵-۱۲۶ پلان انتهایی فیلم‌ای ایران   تصویر۵-۱۲۷ آنالیز تصویر۵-۱۲۶

فریم‌های سه فیلم کره‌ای از ایم کنتک با این پلان‌ها پایان می‌یابند.

در فیلم chunhyang مانند دو پلان آغازی داستان بیرونی و داستان درونی فیلم، پلان پایانی نیز شامل دو پلان، سالن تئاتر (تصاویر۵-۱۳۱ و ۵-۱۳۲) و آخرین صحنه از داستان روایت شده توسط راوی میباشد (تصاویر۱۲۸-۵ تا ۵-۱۳۰).

تصویر۵-۱۲۸ آخرین پلان داستان اصلی فیلم chunhyang   تصویر۵-۱۲۹ آنالیز تصویر۵-۱۲۸

تصویر ۵-۱۳۰ آنالیز خطی تصویر۵-۱۲۹

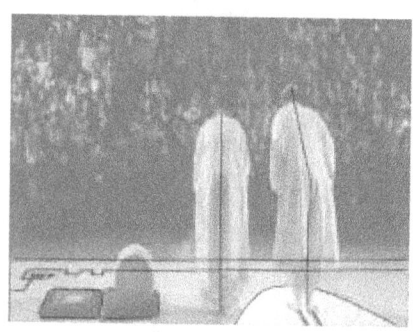

تصویر۵-۱۳۱ آخرین پلان داستان راوی در فیلم chunhyang

تصویر٤-۱۳۲ آنالیز تصویر۵-۱۳۳

در فیلم Chihwaseon پلان آخر تصویر نقاشی‌ای بر روی یک کوزه است (تصویر ۴-۱۳۳). حتی در این مورد هم که نمای اکستریم کلوز آپ محسوب می‌شود، فضا با استفاده از خطی مایل به دو سطح تقسیم شده است (تصویر ۴-۱۳۴).

تصویر۱۳۳-۵آخرین پلان در فیلم Chihwaseon

تصویر۱۳٤-۵ آنالیز تصویر۱۳۳-۵

درفیلم The.Surrogate.Woman به دلیل قاب زیبایی که در پلان قبل از پلان انتهای فیلم برای خودکشی شخصیت اصلی بسته شده است، هر دو پلان را مورد بررسی قرار می‌دهیم (تصویر ۱۳۵-۵ تا-۵ ۱۳۸).

تصویر۵-۱۳۵ آخرین پلان در فیلم The.Surrogate.Woman

تصویر۵-۱۳٦ آنالیز تصویر۵-۱۳۵

تصویر۱۳۷-۵ پلان خودکشی در فیلم The.Surrogate.Woman

تصویر ۱۳۸-۵۵-۱۳۸ آنالیز تصویر ۱۳۷-۵

حال به بررسی سه موقعیت مشابه در فیلم‌ها میپردازیم. در اولین موقعیت میزانسن و قاب بندی کارگردان مشابه یکدیگر است. هر دو قاب دارای پرسپکتیو تک نقطه‌ای هستند و کاراکتر در عمق قاب نمایان است (تصاویر ۱۳۹-۵ تا ۱۴۲-۵).

تصویر۵-۱۳۹ پرسپکتیو تک نقطه‌ای در فیلم Chihwaseon

تصویر۵-۱٤۰ آنالیز خطی تصویر۵-۱۳۹

تصویر ٥-١٤١ پرسپکتیو تک نقطه‌ای در فیلم‌ای ایران

تصویر ٥-١٤٢ آنالیز خطی تصویر ٥-١٤١

در پلانی دیگر دو نوانده را میبینیم که در حال نواخن هستند (تصاویر ۵-۱۴۳ تا ۱۴۶-۵).

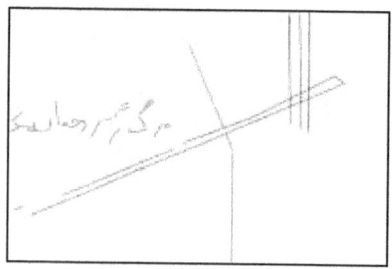

تصویر ٥-١٤٣ نواختن ساز در فیلم‌ای ایران

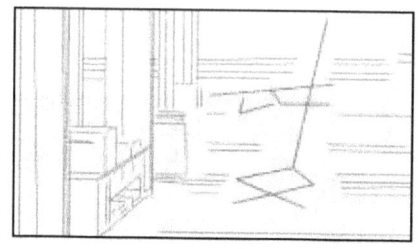

تصویر ٥-١٤٤ آنالیز خطی تصویر ٥-١٤٣

تصویر ٥-١٤٥ نواختن ساز در فیلم Chihwaseon

تصویر ٥-١٤٦ آنالیز خطی تصویر ٥-١٤٥

در موقعیت سوم کاراکترها در سمت چپ قاب و در نقاط طلایی تصویر قرار دارند ، حتی میزانسن بازی شخصیت‌ها و زاویه دید آنها نیز تقریبا یکیست (تصاویر ۱۴۷-۵ تا ۱۵۰-۵).

تصویر۵-۱۴۷ نقطه طلایی در فیلم کاغذ بی‌خط

تصویر۵-۱۴۸ آنالیز تصویر۵-۱۴۷

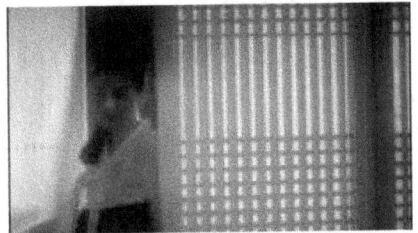

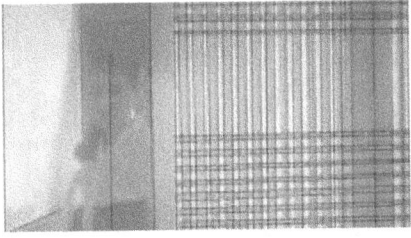

تصویر۵-۱۴۹ نقطه طلایی در فیلم The.Surrogate.Woman

تصویر۵-۱۵۰ آنالیز تصویر۵-۱۴۹

در ادامه ای روند و با توجه به یکی از اجزاء میزانسن که حالات و حرکات فیگور میباشد اینجانب به بررسی یک موقعیت در فیلم‌های دسته دوم مورد مطالعه پرداخته ام. آنالیز فرم نشستن در دو فیلم که میتوانند به نوعی نشان دهنده تفاوت فرهنگ رفتاری نیز باشد. تصاویر۱۵۱-۴ تا ۱۵۴-۴ متعلق به فیلم The.Surrogate.Woman و تصاویر ۱۵۵-۵ تا ۱۵۹-۵متعلق به فیلم ناخدا خورشید هستند.

تصویر ۵-۱۵۱ نشستن۱

The.Surrogate.Woman

تصویر ۵-۱۵۲ نشستن۲

The.Surrogate.Woman

تصویر ۵-۱۵۳ نشستن۳

The.Surrogate.Woman

تصویر ۵-۱۵٤ نشستن٤

The.Surrogate.Woman

تصویر ۵-۱۵۵ نشستن۱ در فیلم ناخدا خورشید

تصویر ۵-۱۵٦ نشستن۲ در فیلم ناخداخورشید

تصویر ۵-۱۵۷ نشستن۳ در فیلم ناخداخورشید

تصویر۵-۱۵۸ نشستن٤ در فیلم ناخداخورشید

تصویر۵-۱۵۹ نشستن٤ در فیلم ناخداخورشید

حال به آنالیز تصاویر در کنار هم نگاه مکنیم (تصاویر ۵-۱۶۰ و ۵-۱۶۱).

تصویر ۵-۱۶۰ نشستن۳ در فیلم
The.Surrogate.Woman

تصویر ۵-۱۶۱ نشستن ٤ در فیلم ناخدا خورشید

در این بخش سعی شده است مقایسه‌ای بین ترکیب بندی‌ها و قاب‌های دو کارگردان کلاسیک ایرانی و کره‌ای در به تصویر کشیدن طبیعت در قاب‌های لانگ شات و یا اکستریم لانگ شات پرداخت. مشخصه مشترک این دو کارگردان کهنه کار رنگ و بوم بومی فیلم هایشان است.

طبیعت در برخی قاب‌های فیلم‌های ایم کنتک بدین شکل به تصویر کشیده شده است (تصاویر ۵-۱۶۲ تا ۵-۱۹۳).

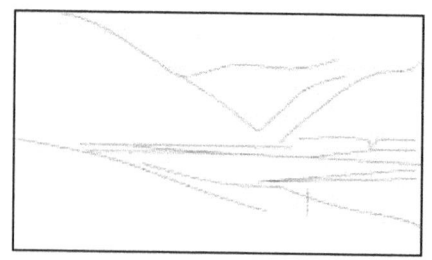

تصویر ٥-١٦٢طبیعت در فیلم Chihwaseon

تصویر٥-١٦٣ آنالیز خطی تصویر ٤-١٦٢

تصویر ٥-١٦٤طبیعت در فیلم *Chihwaseon*

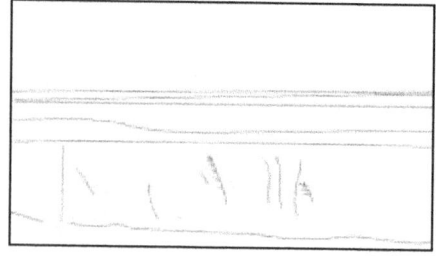

تصویر٥-١٦٥ آنالیز خطی تصویر ٤-١٦٤

تصویر ٥-١٦٦طبیعت در فیلم Chihwaseon

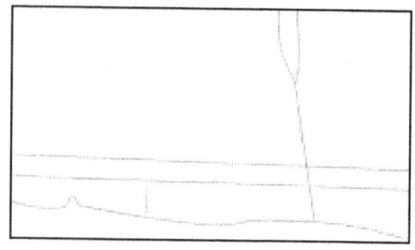

تصویر ٥-١٦٧ آنالیز خطی تصویر ٥-١٦٦

تصویر ٥-١٦٨طبیعت در فیلم chunhyang

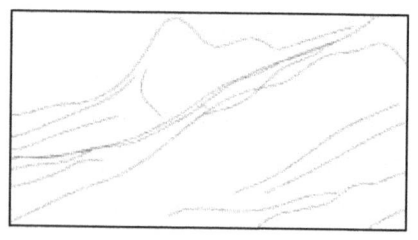

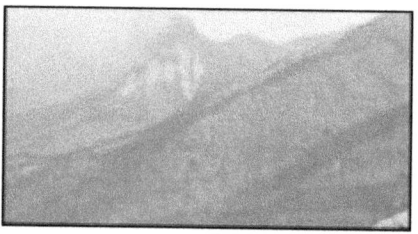

تصویر ٥-١٦٩ آنالیز خطی تصویر ٥-١٦٨

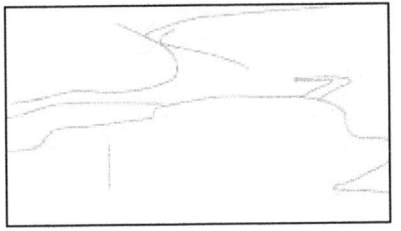

تصویر ۵-۱۷٤ طبیعت در فیلم Chihwaseon

تصویر ۵-۱۷۵ آنالیز خطی تصویر ۵-۱۷٤

تصویر ۵-۱۷۰ طبیعت در فیلم chunhyang

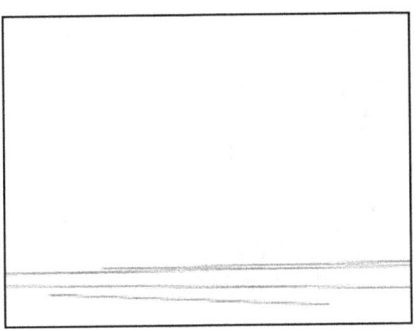

تصویر ۵-۱۷۱ آنالیز خطی تصویر ۵-۱۷۰

تصویر ۵-۱۷۲طبیعت در فیلم
Chihwaseon

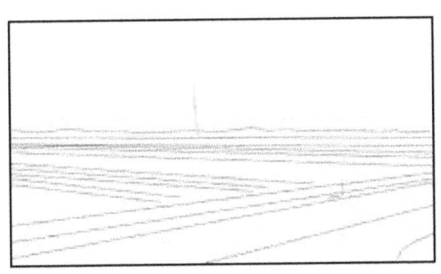

تصویر ۵-۱۷۳ آنالیز خطی تصویر ۵-۱۷۲

طبیعت در قاب تقوایی در فیلم‌ای ایران بدین شکل است.

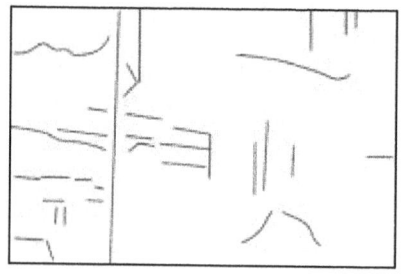

تصویر ۵-۱۷۶ طبیعت در فیلم‌ای ایران   تصویر ۵-۱۷۷ آنالیز خطی تصویر ۵-۱۷۶

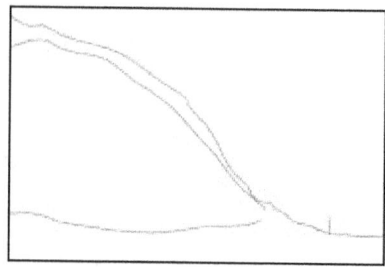

تصویر ۵-۱۷۸ طبیعت در فیلم‌ای ایران   تصویر ۵-۱۷۹ آنالیز خطی تصویر ۵-۱۷۸

تصویر ۵-۱۸۰ طبیعت در فیلم‌ای ایران

تصویر ۵-۱۸۱ آنالیز خطی تصویر ۵-۱۸۰

تصویر ۵-۱۸۲ طبیعت در فیلم‌ای ایران

تصویر ۵-۱۸۳ آنالیز خطی تصویر ۵-۱۸۲

تصویر ۵-۱۸٤ طبیعت در فیلم‌ای ایران

تصویر ۵-۱۸۵ آنالیز خطی تصویر ۵-۱۸٤

تصویر ۵-۱۸٦ طبیعت در فیلم‌ای ایران

تصویر ۵-۱۸۷ آنالیز خطی تصویر ۵-۱۸٦

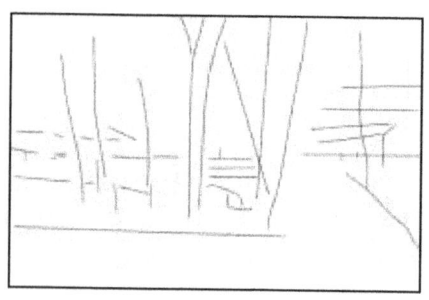

تصویر ۵-۱۸۸ طبیعت در فیلم‌ای ایران

تصویر ۵-۱۸۹ آنالیز خطی تصویر ۵-۱۸۸

تصویر ۵-۱۹۰ طبیعت در فیلم‌ای ایران

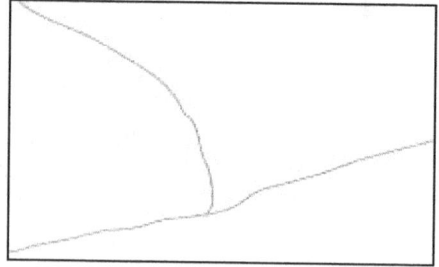

تصویر ۵-۱۹۱ آنالیز خطی تصویر ۵-۱۹۰

تصویر ۵-۱۹۲ طبیعت در فیلم‌ای ایران

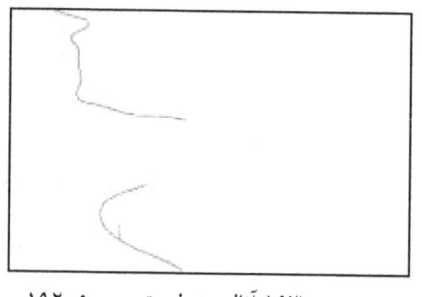

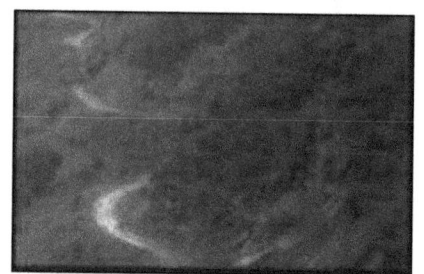

تصویر ۵-۱۹۳ آنالیز خطی تصویر ۵-۱۹۲

در این بخش به طراحی چندپلان که بطور چشمگیر و خاصی از خط در آن استفاده شده است می‌پردازیم.

در ابتدا از سه پلان در فیلم‌های ایم کی دوک مثالی به میان می‌آوریم. در فیلم Chihwaseon که داستان یک نقاش است، کشیدن نقاشی در پلان‌های مختلف به تصویر کشیده می‌شود، از آنجا که هنر نقاشی. هنری سنتی و با ارزش در کره محسوب میشود تقریبا در تمام پلان‌های این فیلم صحنه‌هایی

که فردی در حال کشیدن نقاشیست میزانسن بسیار مرتب و با حساب و کتاب چیده شده است. در اغلب آنها نقاشی در بین تعدادی از افراد است که با حالت احترام تمام کمالی در اطراف اتاق و با نظمی مثال زدنی نشسته‌اند. در این تصاویر اغلب فضایی خالی با استفاده از خطوطی راست و صاف بدون شکستگی و زاویه ترسیم شده‌اند (تصاویر ۵-۱۹۴ تا ۵-۱۹۹).

تصویر ۵-۱۹۴ استفاده معناگرایانه از خط در فیلم *Chihwaseon*

تصویر ۵-۱۹۵ آنالیز تصویر ۵-۱۹۴

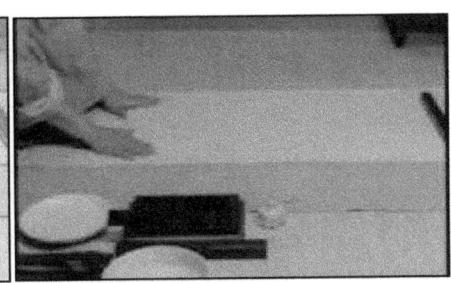

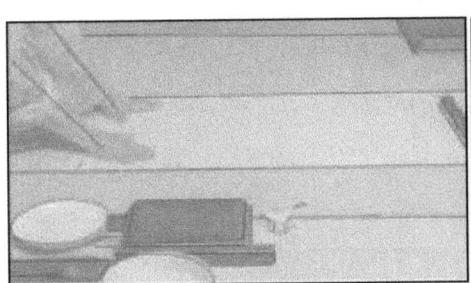

تصویر ۵-۱۹۶ استفاده معناگرایانه از خط در فیلم *Chihwaseon*

تصویر ۵-۱۹۷ آنالیز تصویر ۵-۱۹۶

تصویر ۵-۱۹۸ استفاده معناگرایانه از خط در فیلم Chihwaseon

تصویر ۵-۱۹۹ آنالیز تصویر ۵-۱۹۸

در پلانی دیگر در فیلم chunhyang وقتی کارکتر داستان در سئول در حال امتحان دادن به تصویر کشیده میشود نیز استفاده کارگردان از خطوط منظم در تصویر مثال زدنیست (تصاویر ۵-۲۰۰ و ۵-۲۰۱).

تصویر ۵-۲۰۰ استفاده معناگرایانه از خط در فیلم *chunhyang*

تصویر ۵-۲۰۱ آنالیز تصویر ۵-۲۰۰

تقوایی بی‌شک استاد مسلم میزانسن است. در ناخدا خورشید به جرات میتوان گفت، قاب‌های او تابلوهای نقاشی با یک ترکیب بندی بی‌نقص هستند که به عنوان موضوعی جدا گانه قابل تامل و بررسی میباشند(۲۰۲-۵ و ۲۰۳-۵) در چند پلان استفاده او را از خط در ترکیب بندی میزانسن هایش بررسی خواهیم کرد.

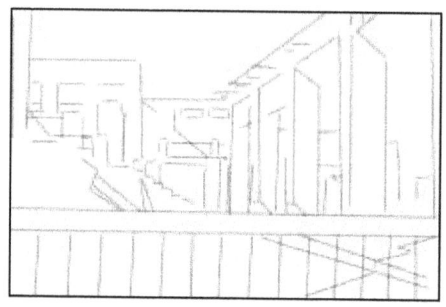

تصویر ۵-۲۰۲ استفاده‌های ویژه از خط در فیلم ناخداخورشید

تصویر ۵-۲۰۳ آنالیز خطی تصویر ۵-۲۰۲

از نظر من شلوغ ترین پلان خطی در فیلم‌های مورد بررسی تقوای پلانی از اسکله خلیج فارس است. گویی ناخدا خورشید در حجمه خطوط درهم که شاید زندگی و سرنوشت او باشد گیر افتاده است (تصاویر ۲۰۴-۵ تا ۲۰۶-۵).

تصویر ۵-۲۰۴ استفاده‌های ویژه از خط در فیلم ناخداخورشید

تصویر ۵-۲۰۵ آنالیز تصویر ۵-۲۰۴

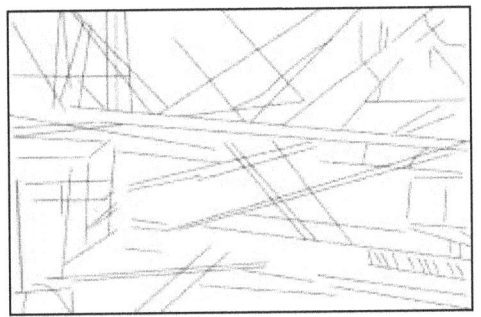

تصویر ۵-۲۰۶ آنالیز خطی تصویر ۵-۲۰۴

همچنین در خداحافظی آخر او با همسرش میزانسن گویی چیده شده است که انگار دو شخصیت در میان آشوبی قرار گرفته‌اند. بک گراند هر دو پر از تشویش و خط‌های بی‌سر و سامان است (تصاویر ۵-۲۰۷ و ۵-۲۰۸).

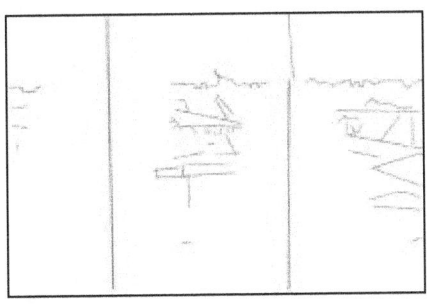

تصویر ۵-۲۰۷ استفاده‌های ویژه از خط در فیلم ناخداخورشید

تصویر ۵-۲۰۸ آنالیز خطی تصویر ۵-۲۰۷

در فیلم کاغذ بی‌خط، صحنه‌ای که رویا قبل از تصمیمش برای ترک خانه برای نوشتن فیلم نامه اش بخاطر کار زیاد خانه دست از نوشتن میکشد و به حمام میرود تا لباس‌های نشسته را بشوید، وقتی دوش حمام را باز میکند و در

مقابل دوش می‌ایستد بارانی از خطوط به روی او می‌بارد، گویی خطوط سعی دارند تا فکر او را از مشکلات و دقدقه‌های زندگی بشویند (تصاویر ۵-۲۰۹ و ۵-۲۱۰).

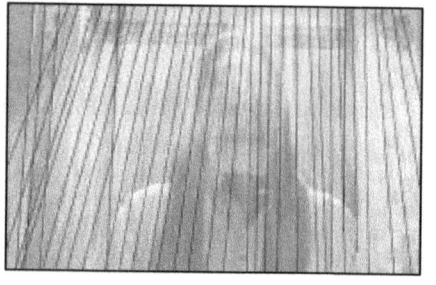

تصویر ۵-۲۰۹ استفاده‌های ویژه از خط در فیلم کاغذ بی‌خط

تصویر ۵-۲۱۰ آنالیز تصویر ۵-۲۰۹

یا در فیلم‌ای ایران، زمانی که تقوایی دوربین خود را به بالای ده میبرد و قاب خود را با بهترین ترکیب بندی میچیند، خط‌ها سطوحی ساده را تشکیل می‌دهند.که بیشتر شبیه ترکیب بندی‌های میزانسن کره ایست (تصاویر ۲۱۱-۵ تا ۲۱۴-۵).

تصویر ۵-۲۱۱استفاده‌های ویژه از خط در فیلم‌ای ایران

تصویر ۵-۲۱۲ آنالیز تصویر ۵-۲۱۱

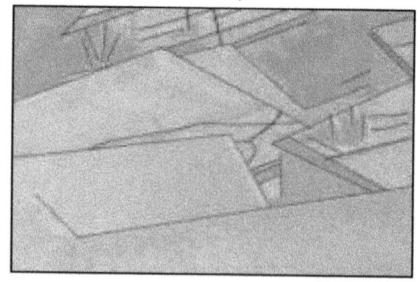

تصویر ۵-۲۱۴ آنالیز تصویر ۵-۲۱۳

تصویر ۵-۲۱۳استفاده‌های ویژه از خط در فیلم‌ای ایران

فصل ششم
جمع بندی

فصل۶- جمع بندی

از دیرباز، وقتی سخن از هنر به میان می‌آمد به طور عادی به ذهن اغلب افراد هنر به عنوان امری متعالی و غیر معمول متبادر می‌شد که در آن نوعی کشف و شهود وجود دارد. دنیایی با توجه به ارزش‌های معنوی و بی‌توجه به ارزش‌های دنیوی و مادی.

امروزه تصور غالب از هنر دنیایی متفاوت اما دست یافتنی را متبادر می‌کند. در دنیای معاصر که توجه بیشتر به زندگی در این جهان غلبه دارد، هنر از جنبه‌های مادی خالی نیست. با توجه به این تغییر محسوس معنایی در هنر به عنوان عنصری که از بتن جامعه بر می‌خیزد، بخش عمده‌ای از فضای معنایی در هنر به جامعه‌شناسی هنر باز می‌گردد.

هدف نهایی این تحقیق آغاز مسیری در روند فعالیت آکادمیک در زمینه جامعه‌شناسی هنر بوده است.

هنرهای تجسمی عناصر بسیاری در جهت ارائه معنا و مفهوم مدنظر هنرمند به مخاطب دارد که خط یکی از عناصر آن به شمار می‌رود. انواع خط به عنوان دومین عنصر بصری اشکال مختلفی دارد و هر کدام از خطوط معنا و مفهوم بصری خاص خود را در تصویر القا میکند که به تفصیل و با ارائه مثال‌هایی تصویری در متن عنوان شده اند.

پس از بررسی آنالیزی تصاویر و فریم‌های موجود در فیلم‌های مورد مطالعه سینمای کره جنوبی و ایران و کنکاش در شیوه میزانسنی استفاده خط در سینمای دو کشور در جهت دستیابی به این فرضیه که در تصاویر انتخاب شده از فیلم‌های هر کدام از کارگردانان به عنوان مطالعه موردی از چه نوع خطوطی استفاده شده است، در گام اول، فرضیه مبتنی بر استفاده معنایی از خطوط در طراحی میزانسن اثبات شد.

همانطور که در آنالیزهای مختلف تصویری در روند تحقیق مشاهده شد، در بسیاری موارد خطوط توانسته اند معنا و مفهوم مدنظر کارگردان در تصویر را تکمیل کنند. به عنوان مثال، تصویر شماره ۹۴-۴ اولین قابی است که در ذهن

احمد (شخصیت اصلی فیلم گذشته اصغر فرهادی) از خانه همسر سابقش در فرانسه شکل میگیرد. خانه‌ای که در آن همه اعضاء درگیر مشکلی هستند و خانواده درهم و نابسمان است. این تصویر را خطوط شکسته، بی‌سامان و موربی پرکرده اند که هرکدام به سویی متمایل هستند. و یا تصویر شماره ۴-۱۷۴ که نقاشی را به تصویر میکشد که در پهنای طبیعتی پر از خطوط مواج ایستاده است که میتوانند هنر پر تلاطم کره را مانند تابلویی وسیع به تصویر بکشد ایستاده است. یا تصویر ۴-۲۰۵ که ناخدا خورشید را یک تنه در مقابل خطوطی به هم ریخته که نشان گر اتفاقات پیش روی او و شکست‌ها و مشکلاتی که او در گذشته با آنها مواجه بوده است ترسیم میکند.

مثال‌های زیادی در متن وجود دارد که تاثیر معنایی میزانسن را در تصویر اثبات میکنند. این بدین معناست که فرضیه دوم تحقیق به اثبات میرسد، هر کدام از خطوط که ویژگی‌ها و معانی آن در متن تحقیق عنوان شده است، از لحاظ حسی فضایی متفاوت و حسی متفاوت را به تصویر منتقل میکنند. در تصاویری که از شیوه نقاشی و فضایی که نقاش در کره به نقاشی میپردازد آمده است، تصاویر خطوط راست و سطوح ساده‌ای را ایجاد کرده اند که حس قداست و اهمیت زیادی که در کره به نقاشی داده میشود را به مخاطب القا میکند، و یا تصویر ۴-۲۰۰ که تصویر امتحان و ارزش یابی افراد است در آنالیز خطی به وضوح با استفاده و ایجاد خط‌های راستی که با ترتیب و نظم پشت سر هم چیده شده اند، کارگردان توانسته است اهمیت نظم را در فرهنگ کره به مخاطب منتقل کند.

در نتیجه این آنالیزها اغلب فضایی که سینماگران کره‌ای در فیلم‌های خود به کار برده اند، استفاده از خطوط راست با کمترین شکستگی‌ها و انحنا هاست. آنها با استفاده از خطوط راست فضاها را از هم جدا می‌کنند و سطوحی ساده و بدون جزئیات و بدون در هم ریختگی را به تصویر میکشند، حتی زمانی که موضوع و مفهوم فیلم مقوله‌ای اخلاقی و اجتماعی مانند انتقام است، بازهم نگاه سینماگر کره‌ای به خطوط، چیزی جز خطوطی راست، بدون اعوجاج و شکستگی نیست. شاید قاب کارگردان کره‌ای قابی پر از خط و شلوغ باشد تا

فشار ذهنی که در لحظه به خاطر آوردن خاطرات به ذهن کاراکتر فیلم می‌آید را به بیننده القا کند اما فضای خطی حاکم بر این شلوغی خطوط عمودی و افقی و راست هستند. به زبان دیگر، کارگردان حتی برای ایجاد فشار ذهنی به مخاطب و ایجاد حس تشویش از خطوط عمودی و افقی استفاده کرده است (تصویر۲۶-۴).

کارگردانان هر دو کشور از میزانسن در جهت رسیدن به هدف و معانی مورد نظر خود استفاده میکنند، اما هر کارگردان بر حسب فرهنگ و شیوه نگاه خود به موضوع مینگرد. در میان کارگردانان ایرانی کمتر کارگردانی به دقت ناصر تقوایی و یا اصغر فرهادی به میزانسن توجه میکند. قاب‌های تقوایی هرکدام تابلوی حساب شده‌ای از یک ترکیب بندی تصویری بی‌نقص هستند. هر دوی این کارگردانان موقعیت‌هایی را به تصویر میکشند که از بطن جامعه بر می‌خیزد.

تقوایی فیلم‌هایی بومی و اصیل دارد و فرهادی جامعه امروز ایران را به خوبی میشناسد و مسائل و معظلات آن را با دقت تمام به تصویر میکشد، گویی فرهادی کسی از اقوام و اطرافیان خودمان است که واقعه‌ای که در حقیقت برای آشنایان مان اتفاق افتاده است را تعریف میکند! این بدین معناست که این دو کارگردان توانایی منحصر به فردی در انتقال معنای مورد نظر خود به مخاطب دارند.

فضای فیلم‌های این دو کارگردان بنام ایرانی سرشار از خطوط شکسته و منحنی‌های درهمی است که شاید تابلوی امروزی فرهنگ کشورمان باشد. به شکلی که مثال عینی آن را در بافت شهری تهران ملاحظه میکنیم. ساختمان‌هایی بی‌حساب و نا منظم در کنار هم که هر کدام ساز خود را میزنند. در آنالیز خطی فیلم‌های کارگردانان ایرانی، حتی در ساده ترین فرم‌ها نیز که از کمترین خطوط برای ایجاد سطوح استفاده شده است، خط‌ها از اعوجاج برخوردارند. مانند مثال‌هایی در تصاویر فصل چهارم که نگاه کارگردانان به طبیعت مورد بررسی و آنالیز قرارگرفته است. قابل ذکر است که استفاده از خطوط راست و یا عمودی و افقی در طراحی میزانسن برتری‌ای نسبت به

میزانسنی دارد که از خطوط منحنی و یا شکسته بهره برده اند، بلکه از این مسیر میتوان توجه را به فضای حاکم اجتماعی از طریق جامعه‌شناسی هنر جلب کرد.

دلیل انتخاب سینمای ایران و کره آغاز پژوهشی جامع در راستای شناخت دلایل و عوامل پیشرفت کره با چنین سرعت مثال زدنی‌ای از طریق دریچه جامعه‌شناسی هنر بوده است.

لذا، پیشنهاد برای ادامه این کار بررسی عوامل و شاخه‌های جامعه‌شناسی هنر جوامع پر سرعت و در مسیر پیشرفت در زمینه‌های مختلف، از منظر و دریچه جامعه‌شناسی سینما می‌باشد تا شاید حرکتی باشد در جهت کمک به سرعت پیشرفت در کشور عزیز ایران.

قابل ذکر است که در انتهای این کتاب در جهت ارایه مثال هایی درباره تاثیر توجه به عناصر بصری و بهره گیری از آنها در سینما طراحی ۸ پوستر برای فیلم های مورد مطالعه ارائه شده است.

طراحی ۱۰ پوستر فیلم

Chi-hwa-seon
Im Kwon-taek
Chui Min-sik
Ahn Sung-ki
Yoo Ho-jeong

Im Kwon-taek
Chunhyang
Lee Hyo-jeong
Jo Seung-woo
Music Kim Jung-gil
Cinematography Jung Il-sung
Edite Park Soon-deok

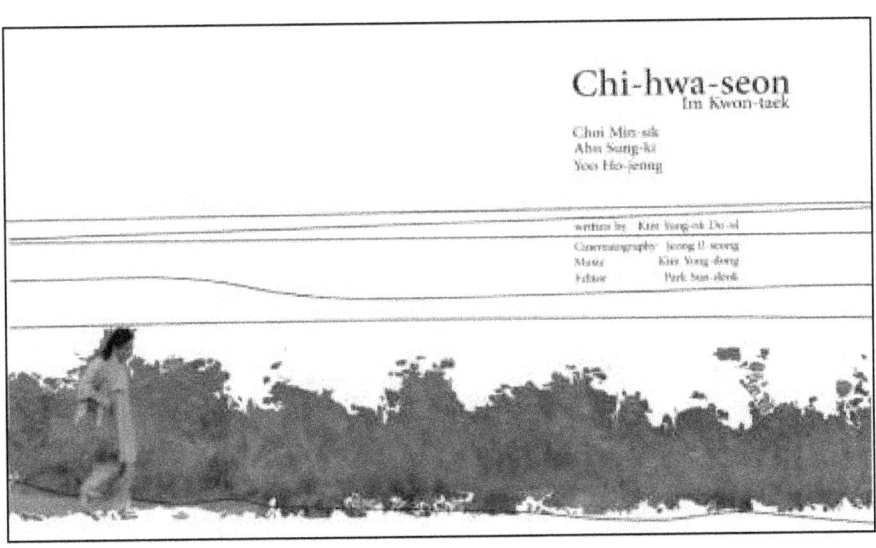

The Surrogate Woman

Stoker
Park-Chan wook
Mia Wasikowska
Mathew Goode

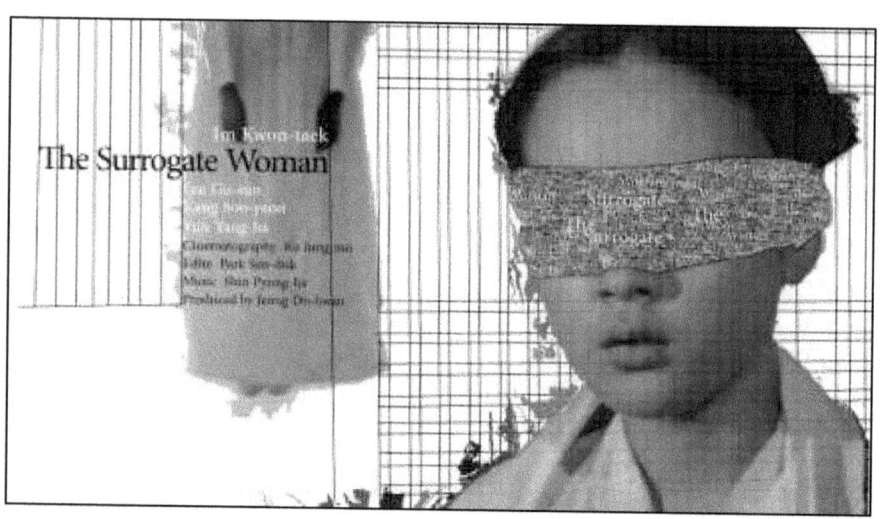

Oldboy

ای ایران
ناصر تقوایی
موسیقی: ناصر چشم‌آذر
فیلمبرداری: محمود کلاری
تدوین: عباس گنجوی

شهر زیبا
اصغر فرهادی

کاغذ بی خط

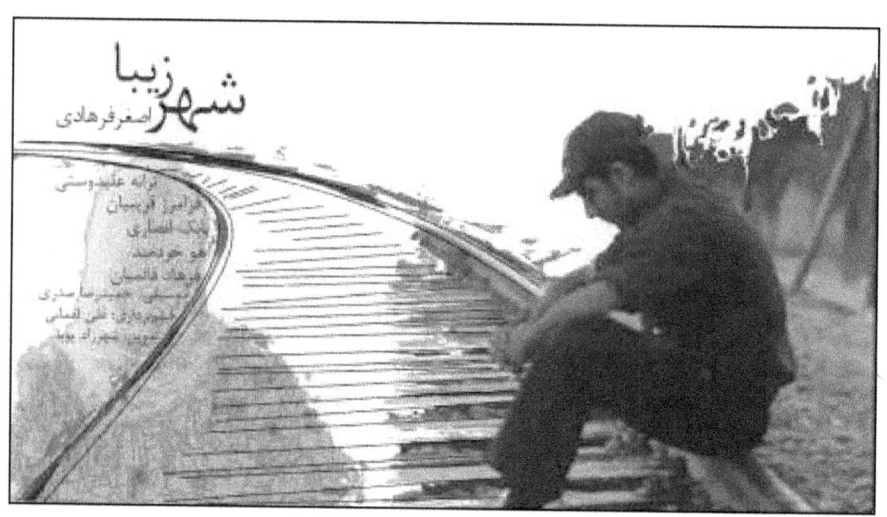

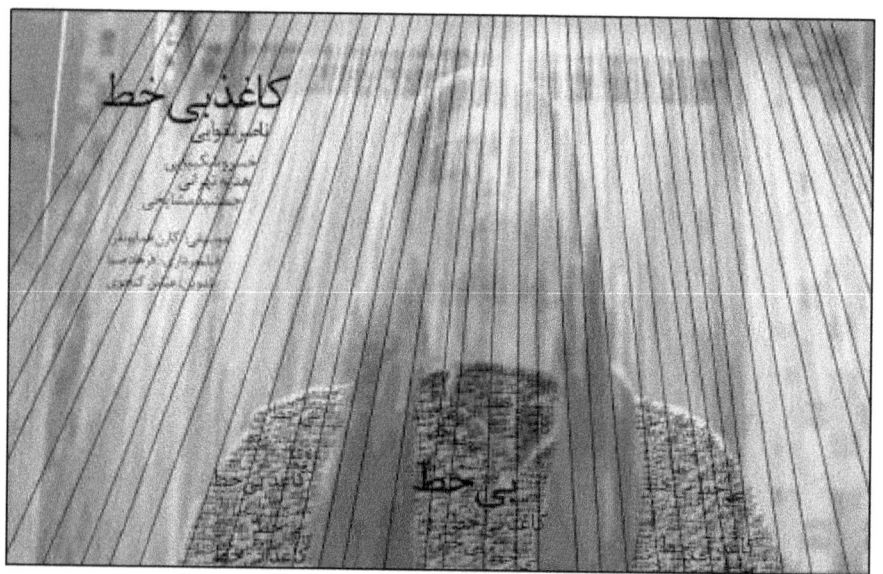

گذشته
اصغر فرهادی

ناصر تقوایی
ناخداخورشید
داریوش ارجمند
علی نصیریان
سعید پورصمیمی
فتحعلی اویسی
پروانه معصومی
موسیقی: فریدون ناصری
فیلمبرداری: مهرداد فخیمی
تدوین: ناصر تقوایی

پیوست۱جدول فیلم‌های کارگردانان

کارگردان	نام فیلم	سال تولید (میلادی)	سال تولید (شمسی)
ناصرتقوایی	آرامش در حضور دیگران	۱۹۶۸	۱۳۴۹
	صادق کرده	۱۹۷۱	۱۳۵۰
	نفرین	۱۹۷٤	۱۳۵۲
	ناخداخورشید	۱۹۸۷	۱۳۶۵
	ای ایران	۱۹۹۰	۱۳۶۸
	کشتی یونانی	۱۹۹۸	۱۳۷۷
	کاغذ بی‌خط	۲۰۰۱	۱۳۸۰
	رنگی و رومی	نیمه تمام	نیمه تمام
	چای تلخ	نیمه تمام	نیمه تمام
ایم کوان تک	Femme Fatale, Jang Hee-bin	۱۹۶۸	
	The Genealogy	۱۹۷۹	
	The Hidden Hero	۱۹۷۹	
	Mandala	۱۹۸۱	
	Village in the Mist	۱۹۸۲	
	Gilsoddeum	۱۹۸۶	
	Ticket	۱۹۸۶	
	The Surrogate Woman	۱۹۸۷	
	Adada	۱۹۸۷	
	Diary of King Yeonsan	۱۹۸۷	
	Come Come Come Upward	۱۹۸۹	
	General's Son	۱۹۹۰	
	General's Son II	۱۹۹۱	
	Fly High Run Far	۱۹۹۱	

کارگردان	نام فیلم	سال تولید (میلادی)	سال تولید (شمسی)
	General's Son III	۱۹۹۲	
	Seopyeonje	۱۹۹۳	
	The Taebaek Mountains	۱۹۹٤	
	Festival	۱۹۹٦	
	Downfall	۱۹۹۷	
	Chunhyang	۲۰۰۰	
	Chi-hwa-seon	۲۰۰۲	
	Low Life	۲۰۰٤	
	Beyond the Years	۲۰۰۷	
	Hanji	۲۰۱۱	
	Revivre	۲۰۱٥	
اصغر فرهادی	رقص در قبار	۲۰۰۳	۱۳۸۱
	شهر زیبا	۲۰۰٤	۱۳۸۲
	چهارشنبه سوری	۲۰۰٦	۱۳۸٤
	درباره الی	۲۰۰۹	۱۳۸۷
	جدایی نادر از سیمین	۲۰۱۱	۱۳۸۹
	گذشته	۲۰۱۳	۱۳۹۱
	فروشنده	۲۰۱٦	۱۳۹٤
پارک چان ووک	The Moon Is... the Sun's Dream	۱۹۹۲	
	Trio	۱۹۹۷	
	JSA: Joint Security Area	۲۰۰۰	
	Sympathy for Mr. Vengeance	۲۰۰۲	
	Oldboy	۲۰۰۳	
	Lady Vengeance	۲۰۰٥	

کارگردان	نام فیلم	سال تولید (میلادی)	سال تولید (شمسی)
	I'm a Cyborg, But That's OK	۲۰۰۶	
	Thirst	۲۰۰۹	
	Stoker	۲۰۱۳	
	The Handmaiden	۲۰۱۶	

فهرست منابع

الف) منابع فارسی

۱. اسحاق پور، یوسف، (۱۳۷۵)، *سینما: گذارشی برای درک جستاری برای تفکر*، ترجمه پرهام باقر، تهران: نشر و پژوهش فرزان روز،

۲. روزنامه شرق، ۵مهر (۱۳۹۱)، *اصغر فرهادی در "زوریخ" از سینما گفت*، روزنامه شرق، شماره۱۶۳۶. بازیابی شده در ۹ خرداد ۱۳۹۵، از http://old.sharghdaily.ir/news/91/07/05/42988.html

۳. امینی، احمد، شهریور (۱۳۷۳)، *و اما میزانسن چیست*، مجله فیلم، سال۱۲، شماره ۱۶۳.

۴. کریمی، ایرج، (۱۳۶۵)، *میزانسن*، مجله فیلم، شماره ۱۶۱.

۵. صفایی فرهانی، محسن، *یک مقایسه تامل برانگیز بین ایران و کره جنوبی*، ایسنا.ای آر ، روزنامه اعتماد، بازیابی شده در ۵ مرداد ۱۳۹۵، از http://www.isna.ir/news/٩٥٠٢١٤٠٨٤٤٥/یک-مقایسهٔ-تأمل-برانگیز-بین-ایران-و-کره-جنوبی

۶. *آموزش تکنیک‌های تصویرسازی*، (۱۳۹۱)، سایت حوزه هنری، بازیابی شده در تاریخ ۱۴ تیر ۱۳۹۵، از www.hozehonari.com

۷. بوردل، دیوید و تامسون، کریستین، (۱۹۴۷). *هنر سینما* ، ترجمه فتاح محمدی، ۱۳۷۷، تهران: نشر مرکز

۸. پوریا، امیر، ۵ مرداد (۱۳۹۵)، *نشست خبری فیلم ناخدا خورشید*، پایگاه خبری تحلیلی سینما

۹. غفاری، فرخ، *تاریخ سینما در ایران*، (ایرانیکا) ترجمه کتایون مصری، بازیابی شده در ۹ تیر۱۳۹، از http://vista.ir/paper/۷۹۲۹

۱۰. جاروی،ای سی، (۱۳۷۹)، ترجمه اعظم رادور، *ارتباط کلی سینما با جامعه‌شناسی رسانه‌ها*، فصلنامه سینمایی فارابی، ش ۳۸

۱۱. جاودانی، هما، (۱۳۸۰).*سال شمار تاریخ سینمای ایران* تیر ۱۲۷۹-شهریور ۱۳۷۹ تهران: نشر قطره

۱۲. جمال، امید، (۱۳۸۳) . *تاریخ سینمای ایران* (۱۳۶۹-۱۳۵۸)، تهران: انتشارات روزنه

۱۳. جمال، امید، (۱۳۸۳). *تاریخ سینمای ایران* (۱۲۷۹-۱۳۵۷)، جلد اول، تهران: انتشارات روزنه

۱۴. حسینی، سید عماد (۱۳۸۹) *سینمای کره*، مجله الکترونیکی زمانه

۱۵. حلیمی، محمدحسین، (۱۳۷۹) *اصول و مبانی هنرهای تجسمی*، قم: انتشارات احیاء کتاب

۱۶. حیدری، غلام (۱۳۶۹)، *معرفی و نقد آثار ناصرتقوایی*، تهران، نشر به نگار

۱۷. حسینی راد، عبدالحمید (۱۳۸۴) *مبانی هنرهای تجسمی*، انتشارات مدرسه، ج۱،۶

۱۸. دهقان، خسرو، ۵ مرداد ۱۳۹۵، *نشست خبری فیلم ناخدا خورشید*، پایگاه خبری تحلیلی سینما

۱۹. راودراد، اعظم، (۱۳۸۰)، *تغییرات نقش زن در جامعه و تلویزیون*، پژوهش زنان ، فصلنامه مرکز مطالعات و تحقیقات زنان، دانشگاه تهران.

۲۰. راودراد، اعظم (۱۳۹۱)، *جامعه شناسی سینما و سینمای ایران*، تهران، مؤسسه ی انتشارات دانشگاه تهران، چاپ اول.
۲۱. سورلن، پیر، (۱۹۳۳)، *سینمای کشورهای اروپایی جوامع اروپایی ۱۹۳۹-۱۹۹۰*، تهران: سروش (انتشارات صدا و سیما) ۱۳۷۹ترجمه حمید احمدی لاری
۲۲. شهبازی، رامتین، (۱۳۸۱)، *مروری بر آثار ناصر تقوایی*، مجله نقد سینما، شماره ۳۲، مرداد ۱۳۸۱
۲۳. غلامی، سمیه سادات (۱۳۹۲) ، *مبانی هنرهای تجسمی (خط)*،سایت دانشکده پیک روان www.pic۱.ir
۲۴. آموزش و پرورش، (۹۴-۱۳۹۳) *مبانی هنرهای تجسمی*، سال دوم هنرستان رشته فنی حرفه ای، آموزش و پرورش.
۲۵. کریمی، ایرج، مرداد (۱۳۷۳)، *میزانسن*، مجله فیلم، سال۱۲، شماره ۱۶۱.
۲۶. مانته، هارالد (۱۳۶۸) ، *ترکیب بندی در عکاسی*، ترجمه سعید آقایی ، تهران: انتشارات سروش
۲۷. میلان، اردیبهشت (۱۳۹۵)، *خانه فیلم داستانی انقلاب اسلامی*، بازیابی شده در تاریخ ۲۸ تیر ۱۳۹۵، از www.filmdastaniir
۲۸. میهن دوست، اسماعیل (۱۳۹۵)، *رودر رو با اصغرفرهادی*، چاپ دوم، تهران، نشر رونق
۲۹. نایت، آرتور، (۱۹۵۷) *تاریخ سینما* ، ترجمه نجف دریابندری (۱۳۷۵)، تهران: انتشارات امیر کبیر
۳۰. نعمت الهی، مینا (۱۳۹۱)، *استاندارد آموزش نقاشی*، انتشارات جهاد دانشگاهی، تهران
۳۱. وجدانی، کیومرث، خرداد (۱۳۴۶) *چند کلمه درباره سینما*، شماره هفتم ماهنامه ستاره سینما
۳۲. وجدانی، کیومرث، دی ماه (۱۳۴۳) *گفتگو با ژان دوشه*، مجله هنر و سینما شماره اول
۳۳. ولف، جانت، (۱۳۶۷) ، تولید اجتماعی هنر، ترجمه نیره توکلی، تهران، نشر مرکز

ب) منابع لاتین

۳٤. Chan-wook, Park. (2005-12-10). 마음 산책. "*Introduction about the author, and the prologue*" Park's Montage (essay).
۳٥. darcy paquet,(2007), *a short history of Korean film,* Retrieved from http://www.koreanfilm.org/history.html
۳٦. Jan Uhde, (۲۰۱۲) *a journal for film and audiovisual media*, University of waterloo, Retrieved 2012-07-21
۳۷. Kim, Jessica, (2010), *Director Im Kwon-teak and wife Walk PiFan red carpet*, 10 Asia. Retrieved 2013-07-06 (McConkey, Rachael. "Contemporary South Korean Auteurs", www.traumafilm.com. Retrieved 2008-05-07.)
۳۸. Lee, Young-il, (1988), *The History of Korean Cinema: Main Current of Korean Cinema*, Motion Picture Promotion Corp. Seoul,
۳۹. Sartre.J.P, 1948, *L imaginaire*, Paris, PP. 227-246
٤۰. Yang, Sung-jin, (2007), *Great filmmaker Im to get French Legion of Honor*, Retrived 2007-12-04 (Dancy, Paquet _ (2007) _ A short History of Korean Film _ www.koreanfilm.org)

Abstract

The endless world of Art is full of signs and mysteries which their discovering from different aspects can open new cultural way in our today's life. In the other words, discovering and the use of these signs in the way of art sociology can help the cultural forming and direct reflection from cultural and social way of community.

This book has tried with the merge of visual art and cinema and with the usage of visual elements 'line', as one of the visual elements and mis-en-scene as frame in the eyes of cinematographer in analysis image's way study the techniques of cinema artists of Iran and south Korea as a cultural window which use these factors to make their movies. Using each type of lines, which have their own meaning in visual Arts can penetrate thinking and behavioral atmosphere of culture.

In this book, after describing line and defining it types and also describing mis-en-scene and it's components, we try to have a comparative look on some plan of Asghar Farhadi, Nasser Taghvai, Park Chan-Wook, Im Kwon-taek works.

LINE AS A VISUAL ELEMENT IN MISE-EN-SCENE
Comparison in Iran and South Korean Cinema, Asghar Farhadi, Nasser Taghvai, Park Chan-Wook, Im Kwon-taek films

MARYAM HADDADI
2016−17

Title: LINE AS A VISUAL ELEMENT IN MISE-EN-SCENE (comparison in Iran and South Korean Cinema Case Study: Asghar Farhadi, Nasser Taghvai, Park Chan-Wook, Im Kwon-taek films)

Author: Maryam Haddadi

Publisher: Supreme Art, Reseda, CA, USA

ISBN: 978-1942912170

Library of Congress Control Number: 2017914262